清朝政壇文士軼事

棲霞閣野乘

孫寰鏡原著、蔡登山主編

編輯說明

本書曾在一九一三年出版，當時原書名為《棲霞閣野乘》。今重新點校，分段排版出版後，書名改為《清朝政壇文士軼事：棲霞閣野乘》，特此說明。

導讀　孫寰鏡和《棲霞閣野乘》

蔡登山

有關孫寰鏡的生平及著述相關的記載很少，學者唐海宏〈孫寰鏡生平及劇作考述〉一文說，中國近現代文學史及有關論著中也鮮有提及，有則語焉不詳。根據他的說法，只有趙永良主編的《無錫名人辭典》著錄的較為詳盡，但也有些微的錯誤。

就目前有限的資料得知：孫寰鏡（一八七六－一九四三）字靜庵（一作靜安），別號民史氏、寰鏡廬主人，室名棲霞閣，江蘇無錫石塘灣人。諸多書籍都說生卒年不詳，趙永良說是生於清光緒四年，唐海宏則認為生於清光緒二年（一八七六）。在光緒二十六年（一九〇〇）孫寰鏡離家赴上海，棲身於報界，以鼓吹共和為宗旨，在當時就頗負盛名。光緒三十年（一九〇四）他加入興中會，投身革命，後又加入同盟會，從事反清運動。一段時間後返回故鄉，從事整理清代秘集《說部叢書》，著述頗多。後來又任上海《警鐘日報》主筆，和章太炎、蔡元培、柳亞子等過從甚密。又曾與南社主要成員陳去病同創《二十世紀大舞臺》雜誌，這是中國第一份以戲劇為主題的雜誌，具有開啟近代戲劇改革大門的作用。清光緒三十年（一九〇四）九月創刊於北平，十月由陳去病、汪笑儂等創辦於上海，原定月出二冊，刊行兩期後即被清政府查禁。孫寰鏡創作有《安樂窩》、《鬼磷寒》傳奇二種，就發表於該雜誌。

辛亥革命時，孫寰鏡參與武昌起義，而當袁世凱竊國，他選擇退隱。他在無錫提倡創辦了為民眾所歡迎的戲館業，又在城中北禪寺巷創辦園藝研究所，為無錫地區較早從國內外引進和推廣多種名貴花木。

孫寰鏡著有《明遺民錄》、《夕陽紅淚錄》、《棲霞閣野乘》等。其中《明遺民錄》四十八卷，為遺民立傳八百多人，收羅頗廣，為記述由明入清的南明史籍，受史學家推重，一九一二年初版，一九八五年再版行世。

《棲霞閣野乘》最早刊登於《大共和日報》。《大共和日報》於一九一二年一月四日在上海創刊，日出對開兩大張。創辦人兼社長為章太炎。先後為中華民國聯合會、統一黨、共和黨、進步黨的機關報。該報陣容堅強，如黃季剛、張季鸞、胡政之、王伯群、余大雄、張丹斧、汪旭初、談善吾都分任輯務，而推章太炎為主編，馬敘倫為總經理。後來在馬敘倫去職之後，錢芥塵擔任總編輯，不久又兼任總經理。錢芥塵聘張丹斧編副刊。據一九三七年十一月二十六日《晶報》觀鑫的〈哀張丹翁先生〉文中說：「當時與之同見於《大共和》副刊者，一為李涵秋之說部《廣陵潮》，一為吾鄉孫靜庵先生之筆記《棲霞閣野乘》，二者與翁文並重於世。」可見在當時孫寰鏡和李涵秋、張丹斧的名氣不相上下。

由於當時清朝剛滅亡不久，此類掌故揭秘探佚文章，頗能吸引讀者，加之又在報章登載，使其成為暢銷作品。《棲霞閣野乘》於民國二年由中華圖書館印行，是民國年間較早的野史筆記。其內容有述清朝掌故的，如記載康熙六次南巡、穆彰阿權傾中外、八旗貴胄多不通文理，甚至圓明園發現房中藥等等；有談及清代文士的，如金聖嘆、紀曉嵐、易實甫、畢秋帆、汪容甫等人，還有談到清朝官場之百態者。對於清朝之政治及文士多所述及，正可補正史之缺。

《棲霞閣野乘》中有〈龔定庵軼事〉一篇談及龔定庵（自珍）與顧太清之情事，此事歷來眾說紛紜、爭論不休。最早形諸文字者為冒鶴亭，他說是少時聽聞外祖父周星詒說的。其後李伯元在其《南亭四話》及柴蕚在其《梵天廬叢錄》筆記中推波助瀾。到了曾樸寫《孽海花》時，把這些傳聞演繹得淋漓盡致，甚至達到「太猥褻」的程度，使得冒鶴亭也深感意外和後悔，他說：「不意作者拾掇入書，唐突至此，我當墮拔舌地獄矣。」。但對於龔、顧之事，也有人爭辯其為虛妄捏造，如況周頤、郭則澐、徐珂、啟功等人。

而到了清史專家孟森（心史）則鄭重其事地寫了一篇考據文章〈丁香花〉，此事才又被吵得沸沸揚揚。孟森相當注重對清代「公案」即歷史疑案的研究，將世所艷稱而耳熟能詳的清初掌故或傳說重加考訂，糾正其訛誤，敷陳其真相。學者桑農說：「孟森《心史叢刊》三集〈丁香花〉一文，旁徵博引，對太清生平事蹟有所澄清。關於龔自珍與顧太清的豔史，作者予以否定。其理由主要有：龔詩作於己亥，奕繪已於前一年去世，何以尋仇？其時，太清為奕繪長子排擠，移居城西養馬營，距太平湖很遠了，且『太清亦已老而寡，定公年已四十八，俱非清狂蕩檢之時』」。桑農又說：「嚴格地講，這些理由還不夠充分。仔細讀過該文的人，怕得不出『已辯其誣』的印象，相反，文中卻留下一些疑惑與話題。其一，孟森並沒有否定〈丁香花〉一詩與太清有關，只是引《詩・鄭風・出其東門》中『縞衣綦巾』，將

『縞衣』釋為『定公之婦』。太清與當時在京的杭州籍官員之眷屬多有來往，龔自珍亦杭人，內眷箋贈，本是正常。其二，作者懷疑，因太清與龔自珍眷屬有來往，於是有人造作蜚語以誣，奕繪去世後，太清被逐出家門之事，恐與此有關。其三，文章還拈出《天遊閣集》中痛斥碧城仙館主人陳文述的那首七律，認為陳與龔是同鄉，流言可能出自其口，太清才會發那麼大的脾氣。」

龔、顧之事，歷來爭論不休，因此把孟森收錄在《心史叢刊》三集的〈丁香花〉一文，當做《棲霞閣野乘》一書之附錄。當然孟森的說法並非定論，只是他這篇辯駁的文章寫得比較早，而名氣較大。之後如蘇雪林也寫了〈丁香花疑案再辯〉等等，此處就不再多引了。

目次

卷上

卷中

卷下

卷上

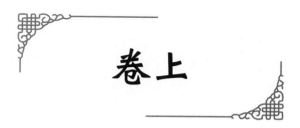

康熙六次南巡始末記

（一）

康熙南巡始於二十三年甲子十月二十六日，御舟抵滸墅關。先於廿四日過揚州，將由儀徵幸江寧府，忽遇順風，可以速達京口，遂乘沙船，順流而下。次早上金山，晚而登舟，揚帆過丹陽、常州、無錫，俱未及泊，一晝夜行三百六十餘里。時湯文正公斌為巡撫，務儉約，戒紛華，御舟已入邑境，縣令猶坐堂皇決事也。上騎馬進閶門，士庶夾道，至闐塞不得前，上輒緩轡。至接駕橋南行，幸瑞光寺，巡撫前導，由盤門登城，窮檐蔀屋，極目無際。遂從齊門而下，幸拙政園。晚達葑門，駐蹕織造府。

（二）

第二次南巡，是二十八年己巳二月初三日。御舟抵滸墅關，蘇州在籍諸臣汪琬、韓菼、歸允肅、繆彤等接駕。日晡時，上入城，衢巷始結燈彩。次日，幸虎丘，登萬歲樓。時樓前有玉蝶梅一株盛開，芳香襲人，上注目良久，以手撫之。出至二山門，有蘇州士民劉廷棟、松江士民張三才等伏地進疏，請減蘇松浮糧，上命侍衛收進，諭九卿科道會議。至十九日，車駕自浙江回蘇，合郡士民進萬民宴，上頷之，命近侍取米一撮曰：「願百姓有飯吃。」士民復請，上又取福橘一枚擲下曰：「願爾等有福也。」

（三）

第三次南巡，是三十八年己卯，奉慈聖太后以行。三月十四日，駕抵蘇州，在籍紳士耆老接駕，俱有黃綢幡，上標明都貫姓名，恭迎聖駕字祥。自姑蘇驛前，虎丘山麓，凡屬駐蹕之所，皆建錦亭。聯以畫廊，架以燈彩，結以綺羅，備極壯麗，視甲子己巳，逾十倍矣。十八日，逢萬壽聖誕，凡百士庶，獻康衢謠若干帙，頌聖詩若干帙，萬壽詩若干帙，分天、地、人、和四冊，以祝萬年之觴。又於諸山及在城名刹，廣列祝聖道湯，百姓歡呼途路。十九日，召蘇州在籍官員入見，賜賞各有差。又賜彭孫遹、尤侗、盛苻升御書匾額。二十日辰刻，御舟出葑門登舟，幸浙江。

時兩江總督為遂寧張鵬翮、江蘇巡撫為商邱宋犖也。上問云：「聞吳人每日必五餐，得毋以口腹累人乎？」鵬翮奏云：「此習俗使然。」上笑云：「此事恐爾等亦未能勸化也。」四月朔日，駕由浙江回蘇。初二日，傳旨明日欲往洞庭東山。初三日早，出胥門，行十餘里，漁人獻銀魚兩筐，乃命漁人撒網，又親自下網，獲大鯉二尾。上色喜，命賞漁人元寶。時巡撫已先到山上，少頃，有獨木船二，拔槳前行。御舟到岸，而隨從者未至，巡撫備大竹山轎一頂伺候，上升輿笑曰：「倒也輕巧。」有山中耆老百姓等三百餘人執香跪接，又有比丘尼豔妝跪而奏樂。上云：「可惜太后沒有來。」其時翠峰寺僧超揆，步行先驅，引路者倪巡檢、陳千總也。

在山士民老少婦女觀者雲集，上吩咐眾百姓：「你們不要踹壞了田中麥子。」是時，菜花已經結實成角，上命取一枝細看，問巡撫何用，奏云：「打油。」上曰：「凡事必親見也。」是日，有水東人民告菱湖坍田賠糧，收紙付巡撫。上問扈駕守備牛門云：「太湖廣狹若干？」奏云：「八百里。」上云：「何以縣區志上稱五百里？」奏云：「積年風浪沖坍堤岸，故今有八百里。」上云：「去了許多地方，何不奏聞開除糧稅乎？」奏云：「非但水東一處，即如烏程之湖漊，長興之白茅嘴，宜興之東塘，武進之新村，無錫之沙瀲口，長洲之貢湖，吳江之七里港，處處有之。」上云：「朕不到江南，民間疾苦利弊，焉得而知耶？」初四日，由蘇起鑾北發。

（四）

第四次南巡，是四十二年癸未二月十一日，駕抵蘇州。時巡撫宋犖尚在任，一切行宮彩亭，俱照舊例。犖扈從時，見上勤於筆墨，每逢名勝，必有御製詩，或寫唐人詩句。犖從容奏云：「臣家有別業在西陂，乞御筆兩字，不令宋臣范成大石湖獨有千古。」上笑曰：「此二字頗不易書。」犖再奏云：「臣曾求善書者書此二字，多不能工，倘蒙出自天恩，乃為不朽盛事。」上即書二字頒賜。頃之，又命侍衛取入，重書賜之。

（五）

第五次南巡，是四十四年乙酉三月十八日，駕抵蘇州。是日為萬壽聖誕，奉上諭：「江南上下兩江舉監生員人等，有書法精熟、願赴內廷供奉抄寫者，著報名齊集江寧、蘇州兩處，俟朕回鑾日親加考試。」四月十四日，命掌院學士揆敘赴府學考進呈冊頁，取中汪泰來等五十一人，同前考過郭元釪等十人，俱赴行宮引見，各蒙賜御書《孝經》一部。是年駕又幸崑山縣，登馬鞍山。旋往松江，閱提標兵水操。

（六）

第六次南巡，是四十六年丁亥二月二十六日，上幸虎丘山。三十日，幸鄧尉山，聖恩寺僧際志迎駕。午後傳旨宮門伺候，賜人參二斤，哈密瓜、松子、榛子、頻婆果、葡萄等十二盤。上云：「吾見和尚年老也。」

六次南巡中，天恩溫諭，莫可殫述。初，吾邑惠山寄暢園，有樟樹一株，其大數抱，枝葉皆香，千年物也。上每幸園，嘗撫玩不置，回鑾後又憶及之，問無恙否。查慎行詩云：「合抱淩雲勢不孤，名材得並豫章無。平安上報天顏喜，此樹江南只一株。」後此樹不久遂枯。

福康安輿夫之暴橫

福康安行軍時，遴選輿夫，皆壯狡者，四班更替，日馳百里。即監陣督戰，亦仿韋虎故事，不乘騎也，故輿夫尤橫。嘉慶初，以廓匪不靖，經理藏衛，方以地險寇遁，紆籌乏策。一轎夫頭素暴橫，入苗人家，強奪藏丫頭簪珥，巡視都司徐斐禁之，即捽徐下馬，裂其衣毆之。時隨營為川北道楊荔裳，姚亦如副之。姚剛直喜任事，聞，赴轅稟福。司閽林姓，即林臬臺之叔，頗解事，曰：「將軍以尊勞心，少不豫，此等瑣屑，兩君決之可耳。」遂遣多役捕至，猶肆咆哮。怒呼用棍，眾憤既深，痛予擊撲，手摑至四十，放起已斃。復往稟知，福亦不怒，曰：「搶奪鬥毆，軍政固應加重。」但飭閽人急為選充。越數日移營，輿已駕而輿夫不集，嚴督之，則環跪崩角曰：「役等捨命奔走，原止供奉貴人，今隨員均可專戮，役輩恐無遺孑，惟將軍主之。」福赧然。即詢誰斃役者，姚昂然曰：「姚令儀也，與楊揆無與。」福曰：「何不告我？」曰：「瑣事賤人，何敢上瀆。」福不得已曰：「責之固當，斃之太過。」遂撤姚差。時姚已保升川東道，摺已繕，並撤之，改用李鑅，則怒其對之戇也，久之乃得遷。

時雲間許小歐先生在都門聞之，為賦小樂府一章紀之云：「楊幹仆，叔向戮，涇水兵，段尉刑。書癡白面太憨生，一怒能使三軍驚。上公闥帳醉眠熱，狐鼠憑陵竊威福。就中輿皂尤猙獰，日日肩公作公足。入市手掣幼婦釵，毀垣刀揕門官腹。監紀諮嗟軍尉愁，忌器情多空跼促。闖然一騎來，意氣顛如雷。法令先貴近，何物此重台。呼吏捽之下，倔強奚為哉？赤棒擱盈百，血肉飛塵埃。上公慚謝首頻俯，實應且憎謂予侮。從此蛾眉謠諑多，鸚雀紛嘵鴆鳥訴。片語何緣解忤公，三年終竟難淹我。巖廓傳說作奇聞，想像鬚眉爭起舞。君不見曹黃門糾劉禿子，幾輩寒蟬羞欲死。不分茸城強項多，二妙同岑照青史。」

某制軍

旗人某制軍，庚子年方官刑部郎中，會拳匪亂作，兩宮西狩，某欲避難津門，苦不得川資，倉猝間為日軍所虜，命作苦工。某自承係職官，不耐操作，旁有人曰：「是滿人可使牧馬及掃除糞矢。」黎明而起，操作綦苦，少輟則鞭箠從之。適某大尉欲覓漢人能書寫者，制軍遂為書自薦，大尉錄之。未幾，聯軍去京城，大尉以某善伺人意，頻行薦之於其國公使，仍充書寫。會某公使與慶王晤譚，慶邸徐言外交人才之不易，公使乃曰：「人才自有，惜無用之者，即如現在我處之某部郎才，亦可用也。」慶默記之，言於樞臣，謂某人為公使所賞，必非凡品，樞臣又以慶言或有所假借也，爭欲羅致。未幾，擢海關道，三遷而至總督矣。

金聖歎之死

庚午哭太廟獄，吳下名士同時就戮者十八人：曰金人瑞，曰倪用賓，曰沈琊，曰顧偉業，曰張韓，曰來獻琪，曰丁觀生，曰朱時若，曰朱章培，曰周江，曰姚剛，曰徐玠，曰葉琪，曰薛爾張，曰丁子偉，曰王仲儒，曰唐堯治，曰馮郅。家施財產，籍沒入官，同時株連軍流禁錮者無算。

初，明之亡也，吳下講學立社之風猶盛，各立門戶，互相推排。金聖歎以驚才絕豔，遨遊其間，調和之力惟多，其名尤著。所至傾倒一時，遇貴人嘻笑怒罵以為快，故及於禍。朝廷之初起是獄也，意欲羅織諸名士以絕清議，苦無以為辭，乃以哭廟事剪除之，以為悖逆莫大於此，駢而戮之，人當無異言。蘇先是國喪，各省撫按率官紳設位哭臨，市禁婚樂，婦孺屏息。爵愈崇者，尤必備極其哀，誠重之也。亦舉行哭臨大典，當事者戰兢惕厲，禮有弗備，明法隨之。然當此所謂人神乏主，億兆靡依之際，亦罔敢顛越弗恭者。

而聖歎即以是率諸生搶入，進揭貼，繼至者千餘人，群聲雷動，蓋以吳縣非刑，預徵課稅，嗚於撫臣，因民忿也。哭臨者大駭，命械之，眾議譁然。金於獄中上書千餘言，為民請命，語多指斥一切，撫臣朱某密疏具奏，有「敢於哀詔初臨之下，集眾千百，上驚先帝之靈，似此目無法紀，深恐搖動人心」等語。朝廷深惡諸名士之誹語也，命大臣訊獄於江寧，以聳觀聽。讞成，諸人不分首從，淩遲處死，沒其家孥財產，一時奪氣。吳下講學立社之風，於是乎絕。

軍機領袖

滿清公卿貴至大拜，而未嘗值軍機者，不得謂之真相。軍機大臣有時多至六七人，而權實操於領袖，新進者畫諾奉行，徒擁虛名也。榮祿在軍機勢焰尤甚，軍機同在值廬，有事絕不商榷，榮以為如是即如是矣。榮雅善王仁和，有疑難事，稍就商議，仁和但能為之推闡，不敢別抒所見也。榮於漢文不甚通曉，遇有草擬詔旨，非仁和莫屬。仁和甫擬就，榮反覆詳示，即袖以上聞。其餘諸軍機，互相揣度，竊竊私議而已。

軍機向例，凡京外章奏，發交軍機建議者，各件必先置領袖軍機案前，領袖軍機閱竟，傳觀某軍機者，亦只某軍機一人閱之，他人不能聚觀。領袖軍機偶發一議，諸人縱不謂然，但在值廬時，決無有反對者。惟同入奏對時，尚能各抒己意，略事補救。然其人已不可多得，而為領袖所不悅矣。

挑簾子軍機

軍機大臣次序，一按入值之先後為斷，最後入值者，謂之「挑簾子軍機」。蓋軍機入對，領袖者手捧摺盒章奏等件首行，餘以次從之。將及乾清宮奏對處，則領袖者行稍緩，最後之軍機趨前，前簾捲起，讓諸軍機以次行畢而後入。及奏對畢，領袖行至竹簾，則最後之軍機又趨前捲簾讓諸軍機行畢而復出，如是者習以為常。

旗人生計之窘迫

咸同以降，北京旗人生計之窘，難以言喻，輿臺廝養，大有人在矣。某部郎，辛丑回鑾後，新錄一圉人，曰三兒，其人面目黧黑，健飯善鬥。每當駕車疾駛，或與他車角逐，三兒肆口謾罵，或以鞭懾行道之人，人亦稍稍讓之，似審三兒者。某度係圉人儕輩，亦不之疑。

一日赴友人宴，車至大柵欄，忽有怒馬自後來，錦鞍玉勒，望而知為貴介。三兒車橫亙在前，不之讓，騎者自後叱之。三兒略一回顧，故緩車行。騎者大怒，策馬繞出車前，方舉鞭欲擊，三兒忽笑語曰：「咦，老七，汝想露臉，便不怕裁我耶？」騎者熟視，即下馬屈一膝曰：「原來是三爺，匆促間開罪，幸乞見恕！」言畢，牽馬旁立，為狀甚謹，車去乃行。某大駭怪，歸寓窮詰所以，三兒曰：「吾固宗人府籍，騎者吾侄輩行耳。」復詰其名及世職，堅不肯言，翌晨善言遣之。

齊周華救呂晚村疏

齊周華為齊召南之侄，以刊印呂氏書籍受極刑，其生平行事及詩文，均因忌諱不傳。茲覓得其救呂晚村疏草稿，為世人所欲亟見者，亟錄之以供論世者覽焉。其救呂晚村疏云：

臣齊周華，奏為遵旨議復，以抒獨見，以廣皇恩事。欽維君臣之義，亙古為昭；書契之傳，有目共睹。惟聖王不以一己之好惡為好惡，而公論必以天下之是非為是非。浙省呂留良，生於有明之季，延至我朝，著書立說，廣播四方。其胸中膠於前代，敢妄為記撰，託桀犬以吠堯。夫堯不可吠，而不吠堯，恐無以成為桀之犬，故偏見甘效頑民，而世論共推義士。又以其書能闡發聖賢精蘊，尊為理學者有之，實未知其有日記之說匿於家也。所以浙省歷任諸臣，甫下車輒表揚呂氏，以敦崇儒重道之風。即今總督臣李，皇上所稱為公正剛直之大臣，亦曾贈匾致祭，況下此者乎？

前者偽朱三太子一念和尚之事，明明敗露，羽黨株連，赤族之禍，萬無可逃，而聖祖仁皇帝寢息不究，使其一門得保首領於光天化日之下。則呂留良者，固我聖祖之所赦宥者也。今因逆賊曾靜波及呂留良一門，夫呂留良所大不足於人世者，謂其子孫既受我朝厚恩，身叨仕籍，冥中亦宜絕口不言，自盡亡國之禮如其生也。更必勉其子孫，素位而行，竭心盡力，以仰報朝廷覆載之鴻恩。即呂留良冥頑莫回，身歿之後，子孫亦當毀板焚書，以滅其跡。

乃呂留良自明社已墟之後，日懷幸災樂禍之心，訕詈之詞，無所不至。其子孫又不思蓋愆之不及，反若揚厲之不宏，《書》所云「自作孽，不可逭」者，使處他朝，呂氏其無遺類也久矣。幸叨日月之光華，不以穢土而不照，雖肆為詆毀，其於我朝列聖之積德累仁，初何毫末之損乎？

查逆賊曾靜，生於今，長於今，既非明帝之故黎，復非儀賓之末裔，踐土食毛，久享太平之福，乃頓起無良，謀為不軌。及事敗禍臨，將罪盡嫁呂留良。夫呂留良以先朝遺氓，華夷之辨，託詩書以見志，固屬鄙陋之私，實未嘗教曾靜以叛逆也。呂留良產於浙，浙之信從者，宜視楚人猶深；而浙之人，皆知天經地義之所在，尊君親上之極誠，未嘗有向陝西總督投以叛逆之書也。今逆賊曾靜，嫁禍呂留良，供云：「誤讀呂書所至。」是何異於刺人而殺之曰：「非我也，兵也。」兵固殺人之器，遇志士仁人，則殺身以成仁；遇賊子亂臣，則簒弒以流禍，顧視操兵者何如耳。呂留良之書，即為呂刃，安可為亂臣賊子作替身乎？

伏讀上諭，日以改過望天下之人，故寬曾靜於法外。臣思呂留良、呂葆中逝世已久，即有《歸仁說》作於冥冥中，臣已不得而見。第其子孫以祖父餘孽，一旦罹於獄中，其悔過遷善，趨於自新之路，必有較曾靜為尤激切者。夫曾靜現在叛逆之徒，尚邀赦宥之典，豈呂留良以死後之空言，早為聖祖所赦宥者，獨不可貸其一門之罪乎？（下略）

高江村以探宮內隱秘得異寵

康熙丁巳、戊午之際，入資得官者甚眾。繼復薦舉博學鴻詞，於是隱逸之士，盡趨都下。後己未試鴻博科，高江村進三不如之說，以毀百四十三徵士。在上者，虛意始倦，一時譁然，以為與李林甫表賀野無遺賢無異，在朝在野疾之甚。然高方以文墨得上寵，地既親近，權勢益崇，無如何也。方江村之入都，自肩被進彰義門，書聯扇遍贈朝貴幹僕，以謀朝夕。明珠司閽見其善書也，延課子。一日，明珠急欲作數函，倉卒無人，司閽以高對，即呼入，援筆立就，明珠大喜，遂屬掌書記。後入翰林，值南書房，皆明之力也。

江村有小慧，既置身勢要，橐日益以富，則結歡近侍，探宮內起居，報一事酬金豆一。每入值，金豆滿荷囊，日暮，率傾囊而出。以是內廷隱秘事，皆得聞。或覘知上方閱某書，即抽某書翻閱，偶詢及，輒能對大意，故益得異寵。上嘗曰：「在廷博雅，可與道古者，莫士奇若。」而忌之者益深矣。高初因明進，至是明轉向之訪消息。每歸第，則九卿之肩輿塞其巷，明亦在焉。江村直視，踏步入門，若弗知也。諸貴客皆使僕從偵探：盥面矣，晚飯矣，少頃，則傳呼延明相國人，必語良久始出。其餘大僚，或延一二入晤，不能遍，則令家奴出告曰：「日暮不能見，請俟異日也。」諸肩輿始摩擊而散，明日俟於巷者復如故。聲勢赫奕，上下側目。

或有譖之者，謂士奇肩樸被入都，今但問其家資，即可得其招權納賄狀。上一日問之，高跪進曰：「督撫諸臣，以臣蒙主恩，多有饋遺，其實聖明威福不旁落，臣何能參預一字。在彼誠無益，在臣則寸絲粒粟，皆由恩遇中來也。」上笑置之。後以排之者眾，放歸。

皖撫阿克達春之笑史

阿克達春署皖撫，亳州牧某來見。阿延入，坐定，問曰：「亳州去省地若干里？」某答曰：「卑職任亳州，非毫州。」阿訝曰：「卜州？咱們城裡人都念他作『毫』字，怎麼安徽人念作『卜』字，這相差豈不太遠了嗎？」

內務府某郎中妻之歷史

德馨任江西巡撫，酷好聲劇，署中除忌辰日，無日不簫管氍毹也。其女公子有國色，嗜好尤過乃父，且極喜觀演男女淫媟事，《翠屏山》、《也是齋》之屬，無日不陳眼簾也。

時官新建縣者為汪以誠，汪故有能名，以武健嚴酷得大吏歡，歷任優缺。至是，則益遣丁役，持重幣，走四方，聘名伶來贛，躬為戲提調，日在撫署中。任內一切大小事，悉倩同僚代之。是時贛中有一聯曰：「以酒為緣，以色為緣，十二時買笑追歡，永朝永夕酣大夢；誠心看戲，誠意聽戲，四九旦登場奪錦，雙麟、雙鳳共消魂。」額曰：「汪洋欲海。」四九旦、雙麟、雙鳳皆伶名也。

後德敗，汪亦褫職。德女當德宗選后時，亦被選入宮，孝欽極賞之，將正位中宮矣。德宗以其舉動輕浮，深不喜之，竟落第。後為內務府某郎中妻。

圓明園內發現之房中藥

丁文誠官翰林，一日，召見於圓明園。公至時過早，內侍引至一小屋中，令其坐，俟叫起。文誠坐久，偶起立，忽見小几上有蒲桃一碟，計十餘顆，紫翠如新摘。時方五月，不得有此，異之。戲取食其一，味亦絕鮮美。俄頃，覺腹熱如火，下體忽暴長至尺許。時正著紗衣，挺然翹舉，不復可掩，大懼欲死。急俯身以手按腹，倒地呼痛。內侍聞之，至詢所苦，詭對以暴犯急痧，腹痛不可忍。內侍以痧藥與之，須臾，痛益厲。內侍無如何，乃飭人從園旁小門扶之出，而以急病入奏。公出時，猶不敢直立也。

京員以八行書為入款之大宗

滿清官場社會最為黑暗，賄賂公行，毫無顧忌，人多知之。乃苞苴請託，竟有無孔不入，且須旁敲側擊以出之者。取而錄之，亦一異聞也。余戚某嘗為予言，有其友某為京師某府大臣書啟文案，月束僅十二兩，而車馬、宮室、衣服、飲食甚為豪侈，有月非數百金不能辦者。予戚問焉。則曰：「予入款全在作八行書耳。」八行書者，請託之函件也。

凡官吏出京，如係小員，則必向各大官求得薦書，攜之任所，以投於其上司。如係大員，則其屬必使人運動京中大官，致函於彼，為之關說。其書限以八行，故稱為八行書。求之者非先納金為壽不能得，故京中大員，無不以寫八行書為入款之一大宗。然求八行書者，尤必探所求之人，其所聘書啟文案為誰，袖金遺之，文案乃視其所遺之多寡，而為之輕重其辭。此項贈金，以有大員由京之任時，所入為尤厚。蓋求薦書者，多彼此競爭，不得藉金錢之力以取勝也。惟某府大臣一席，在政界中亦非甚有權力者，而其署中之區區一文案，竟有人競以金輸之，則勢焰薰灼之輩，其門庭如市之況，更當何如！

鐸洛侖之笑柄

旗人鐸洛侖者，光緒中官山東糧道，以徵糧苛急，民怨次骨。一日，鐸因公出省，至齊河，渡河而北。日暮，行曠野中，土民忽結隊百餘人，持刀棍來，從者以為劫賊，皆踉蹌走。獨鐸一人坐輿中，當喝問：「你們都是幹什麼來的？」民不答，徑捽鐸輿中出，叱使伏地，褫其褲，選隸役所執大杖杖之八十，臀肉盡脫。杖畢，委之去。

鐸以是革職十餘年，復夤緣官某省鹽道。值書院月課，榜發，監院官以獎賞銀請，鐸援筆徑批第一人十兩。故事鹽道缺最瘠，月課第一人，獎銀不過二兩，監院以舊例告，請減。鐸啞然曰：「咱們在城裡時，偶向石頭胡同口袋庭聽姑娘們唱一支小曲，也要賞他個四兩頭，這人花花綠綠的寫了這七百多字，請師爺們念與我聽，也怪有調門兒的，難道就不值十兩頭嗎？」

山東巡撫國泰之笑史

乾隆末，國泰為山東巡撫，年才逾弱冠，風姿姣好，酷嗜演劇。在東日，與藩司于某，在署中演《長生殿》，國扮玉環，于扮明皇。每演至〈定情〉、〈窺浴〉諸齣，于以為上官也，不敢過為媟褻，關目科諢，草草而已。演既畢，國正色責於曰：「君何迂闊乃爾？此處非山東巡撫官廳，奈何執堂屬儀節，以誤正事？做此官行此禮之謂何？君何明於彼而暗於此耶？」于唯唯。自此遂極妍盡態，唐突西施矣。國乃大塊曰：「論理原當如是。」後國被錢南園所參，高宗即令錢隨和珅往勘。使節抵濟南，署中劇尚未闋，國聞報，倉皇易妝往見，面上脂粉痕猶隱隱也。

潘雲閣之軼事

當北撚之蔻清江浦也，總南河者為潘雲閣，時正演劇未終，倉皇出走。議者率詬病之，以其僅耽聲伎，初無戒備也。至其瑣事，有足令人失笑者。蓋潘於五十以前，受制於妻，無後房之寵。失偶後，始大縱所欲，稱如夫人者四，又各蓄豔婢四人，其餘僕婢傭婦少艾者尤夥，悉昵之。不足，每於出巡時，睹民人婦之美好者，歸輒遣僕嫗託詞如夫人召入署，信宿而出，贈以朱提廿兩，如是者月更不可以指數。

其總南河時，年幾七十，而精神矍爍，逾壯年人。性豪縱如昔時，頗有嚴世藩美人雙陸之概。其如夫人率南部名倡，極精音律，所育豔婢十六人，歌舞極嫻習，署中演劇裝服砌抹咸備。時或命酒，展紅氍毹，令諸婢扮演，其愛妾即在後場理絲竹，己則著短綠襖及膝，冠便帽，紅線成握，長尺有咫，斜披肩背。時便帽結紅線，必附以綏纓，今久不行矣。白鬚如帚拂胸，支頤疊股而觀，遇劇中關目可噱者，則起至場中，與諸婢狂嬲以為樂。轄下官屬咸令之旁觀。適演《挑簾裁衣》諸院本，備極妖冶，遂群起狎嬲諸婢，醜態畢露。旁有掩口嗤者，為所聞，由是遂禁男子不得予觀矣。更聞其於理事室中，另闢一房，婦女裝飾針黹所需之品悉備。每於午後，即蒞其中。凡署中婦女欲市各物，不令出購，需各自來交易，必一一親與論值，故靳之，以索群雌笑罵。甚且捋其白鬚，以掌摑其頰，而後以為快。

夫昔人體魄宏富，日御數女者，亦所恒有，初無足異，獨其演劇設肆，其可與乞食諸姬之韓熙載後先媲美。且能不令門下客有「最是五更留不得，向人枕畔著衣裳」之詠，則又韓熙載所不若矣。倘能稍稍移此精力，以治理一方，則清淮一帶數千百萬之生命財產，又何至淪陷哉？悲夫！

穆彰阿勢傾中外

道光時，穆彰阿當權，勢傾中外，無敢攖其鋒者。蒲城王鼎欲劾之，恐不勝，乃以死爭，草長奏懷之，閉閣縊死。時陳孚恩領軍機章京班首，聞之趨視，得其疏，挾以揭穆。穆啗以重賄，令毀之而以暴疾聞，且趣陳遍白於朝。當是時，陳倉皇奔詣，目眩於重報，亦未熟計事之利害。及奏上，事定。穆一日於軍機謂陳曰：「王尚書前日之變，頃聞人有異言，兄首見其狀果云何？」陳不意穆遽有是問也，逡巡無以對。在坐諸王公相顧愕眙，知其事者左右視，跼蹐作呃逆聲。

陳歸，知穆欲其滅口，然舉發而苦無佐證，已亦不免惴惴然，欲死以自白，眷於愛妾弗能決。正遲徊間，忽傳有晉秩命，於是走穆稱謝。方入簾長跽，穆大笑曰：「昨者我正為君分謗，君苟一言，則眾口塞矣。」陳曰：「某謂中堂有意督過之，故唯唯者亦欲為中堂分謗也。」各相顧會意而罷。當此之時，無不知王之死者，然皆漠不以為意。而北人之宦於京者，尤相戒不言此事，懼及於禍也。至孫衣言銘張芾基，始有「額額蒲城，深臏太息。閉閣草奏，忠奸別白。疏成在懷，遂繯以絕。或匿不聞，聞以暴疾。」之語，於是載筆家皆道其事云。

鐵路車手之道台

天津探訪局總辦楊以德，庚子前在天津火車剪票，拳亂時頗得意外之財。乃官興勃發，捐一雜職，夤緣入探訪隊。工諂媚，善迎合，苟可以邀功者，雖誣其父為賊，亦所不顧。知袁之注意革命黨也，乃出其黨來之財物，廣布耳目，凡稍有疑似者，必逮捕羅織，以成其獄，被害者不勝枚舉。

楊藉此遂得直接於袁之門下，捐知府、保道員矣。組織探訪隊，楊為管帶，特設探訪局，楊為總辦。其惡之最著者，如炸彈案之誣捕張榕，馬賊案之逮捕丁汝彪，立憲降諭之日，密捕吳道明，致斃於毒藥。其室中羅列孫、康及梁啟超、麥孟華、章炳麟、鄒容諸肖像，日夕諦視，自謂捕得其一，京堂可操左券矣。忽一日密稟徐世昌，謂鄒容到京。徐大驚，飛飭內外廳戒嚴，並搜各客寓及廟宇寺院。時距鄒容之死已一年半矣，其誣妄率類此。

徐健庵之招權怙勢

徐健庵柄政時，一時名士咸出其門下，招權納賄，無所不至。每屆科舉，其前列者，率徐黨人。有某名士者，投刺其門，日饋閽者十金以為常，而不求見，但屬以名上達而已。閽者怪之，以白於徐。徐留見之，其人故作踧踖狀，謂：「吾誠意未至，不敢求見。」強之始入。徐問：「足下有深仇未報乎？」曰：「無有也。」「然則何為逡巡不敢言？」固問之，乃長跽曰：「欲得來科狀元耳。」徐曰：「已有人，可思其次。」某名士謂他非所望，寧遲一科，徐許之。後徐不久罷去，此人亦懊惱以終。

又徐健庵被議歸，欲延潘次耕於家。顧亭林以書尼之云：「彼之官彌貴，客彌多，便佞者留，剛正者題。今且欲延一二學問之士，以蓋其群醜，不知薰蕕不同器而藏也。吾以六十四之舅氏主於其家，見彼蠅營蟻附之流，駭人耳目，至於徵聲發色而拒之，僅得自完。」讀此知當日崑山怙勢，其氣焰實不可近，故亭林先生痛嫉之也。

五華山永曆故宮之題壁

雲南五華山，永曆故宮在其上。順治丁亥，洪承疇督師，由貴築大路取滇，李定國拒戰曲靖。吳三桂由廣西、四川旁搗其虛，至黃草壩，入省城。永曆遁至阿瓦，三桂重購得之，縊於貴陽府。三桂以功封平西王，遂據山上故宮，增修二十餘載，備極崇麗。康熙癸丑，三桂反，出攻長沙，乙卯稱尊號，戊午病死。偽周洪化，其孫也。戊午，諸王、貝勒討賊，駐軍曲靖。賴將軍平耿精忠，由福建進征西粵，亦由四川黃草壩直薄省城，俘偽洪化斬之，滇南大定。

康熙癸亥，金陵邵子為章赴幕楚雄，訪其父老得實，題四截句於壁，一時爭相傳和。詩曰：「百萬雄師睥睨間，先朝一脈絕南蠻。擒人即是人擒路，誰道天公不好還？」「軍威南朔敢稱雄，轉眼興亡一瞬中。他日龍門成紀傳，君臣父子總無公。」「行營歷歷草萋萋，銅柱摩崖手自題。虎豹無睛威尚在，老軍猶說舊平西。」「岧嶢天半起觚棱，不盡亭台取次登。心力剛枯人事去，秋風誰與哭西陵？」邵子詩筆敏妙，惜有濡頭之癖，落魄寡儔，故不堪顯於時。

俺達公之酗酒嗜殺

俺達公之信，尚可喜之長子也。酗酒嗜殺，壺樽杯斝，與弓刀矛戟之屬，隨其所至，必兼攜以行。坐則輒飲，飲醉則必殺人。深宮靜室，無以解酲，即引佩刀刺其侍者，雖寵僕豔姬瘢痏滿體。性喜畜狗，築狗房，設狗監監之，下隸以健兒數十人，閱旬必縱之出府，所過屠肆，例應各給豕肉飼之。街中人狗塞途，行者辟易。一夕聞有哄聲，亟呼監往視，監遇瘈狗而奔，不敢復往。之信大怒，命左右割監肉啖狗，肉盡而止。又取民間子十五以下為把竿之戲。竿長二丈，以篔簹為之，礱節瑩皮，其光可鑒，教之攀緣上下，盤舞竿頭，之信把盞觀笑以為樂。其習技未熟者，多至顛殞，或穿腹折肢，恬不介意。

世臣以詩稿見斥

高宗駐蹕盛京，祗謁陵寢，以祭器潦草，革盛京禮部侍郎世臣職。又以世臣詩稿有「霜侵賓朽歎途窮」之句，諭謂：「卿貳崇階，有何窮途之歎？彼自擬蘇軾之謫黃州，以彼其才其學，與軾執鞭，將唾而箠之。」世臣詩又有云：「秋色招人懶上朝。」諭謂：「寅清重秩，自應夙夜靖共，乃以疏懶鳴高，何以為庶寮表率？」詩又云：「半輪明月西沉夜，應照長安爾我家。」諭以盛京為豐沛舊鄉，世臣不應忘卻，嚴旨斥責。即令滿員官盛京者，各書一通懸之公署。

潘檉章之遺詩

潘檉章著述甚富，悉於被繫時遺亡，間有留之故人家者，因其罹禍甚酷，輒廢匿之。如《杜詩博議》一書，引擬考證，糾訛辟舛，可謂少陵功臣。朱長孺箋注多所採取，竟諱而不著其姓氏矣。近得其古近體詩數篇，亟錄之以俟能表章者。其《讀五代史》云：

唐室亂天紀，鷙猛化侯王。健者夜一呼，萬乘起彷徨。
取守既同道，貽謀安得良？遂令燕雲地，化為狼與羊。

倒受太阿柄，失勢還自戕。有宋鑒其弊，居重禦四方。
矯枉失之過，國威遂不強。善哉府兵制，作法貴於涼。

〈卜居〉二首云：

每愛西山好，煙霞無早昏。茶香晴送鶴，果熟曉爭猿。
得意花顏色，會心鳥語言。幽尋偏得性，獨往志空存。

極望草萋萋，春原肥乳羝。青桐誰見實？朱鳳爾何棲？
短褐晨霜重，征塵夕照低。浣花溪有約，杖履不應違。

〈關山月〉云：

繡衣金匼匝，寶馬鐵連蜷。
出身誓向邊場死，那能宛轉妻兒前？
離家復見故鄉月，見月思鄉情不歇。

天山飛鳥卻向南，隴頭流水分嗚咽。
幕前健兒歌且悲，霜寒風勁胡馬肥。
閨中遠不聞吹笛，塞上愁誰聽擣衣？
可憐夜夜關山月，只照從軍不照歸。

〈丁亥春與文心兄理平川舊業歸途有感〉云：

草堂幸已賦歸來，別業藍田且共栽。
廢驛舊經征戰盡，野花初向別離開。
數通畫角連笳起，一樹斜陽帶鳥回。
照水獨憐華髮改，詩棋兩事老餘才。

〈憶戊子秋過外家東衡里因寄表弟章伯升〉云：

數載烽煙隔渚隈，清溪野色望中開。
山將落日排雲去，水抱孤帆拂岸來。

巷口燕巢春繞樹，門前虎跡曉沖苔。
援琴四壁貧何恨，孫叔當年不治財。

〈奕隱贈雲間謝繹之用枰字〉云：

扁舟問我溪山行，坐覺九峰秀色生。
當局盡從疑處失，先機誰向敗中爭？
白雲侵戶明書几，紅葉當階覆石枰。
身世漁樵何處隱？獨能蟬蛻任浮名。

〈酬王雲頑夕坐有感見寄〉云：

虛無映捲簾，林壑尚餘炎。露咽蟬高樹，風吹月短簷。
雄談曾壓膽，怪事幾張髯。鄭重瑤華贈，聊從紫氣占。

〈靈岩懷古〉云：

半空塔影回參差，入眼興衰欲問誰？
麋鹿有情傷地僻，草花無主恨年移。
溪山尚倚吳王劍，江月空彎西子眉。
薄暮老僧為指點，白雲封處六朝碑。

〈和陶乞食詩贈乞食諸公並序〉云：「辛卯秋，村民十百為輩，望門投食。予謂救災恤鄰，誼也。況上無所呼號，下不為剽掠，而俯首一飯，尤良民也。淵明舊穀既沒，新穀未登，日月尚悠，為患未已。乞食賢者之事，乃眾人優為之，慨然有作：

溝壑勢所迫，貿貿行安之？促步望煙火，低頭好言辭。
善悉主人意，高義無嗟來。升斗竭所餘，滿腹輒廢卮。
感激話疇昔，內熱䍧羊詩。同里無賑恤，曷云濟世才？
愧客供給薄，強飯以相貽。

〈移居詩贈人〉云：

近知卜築到江濱，遁跡聊依水岸分。
波底白鷗漁有國，天邊蒼荻雁為群。
故鄉回首桑麻接，曲徑通人雞犬聞。
吾亦經營蒼海計，乘槎浩蕩一從君。

粵民之橫被荼毒

讀梁藥亭《養馬行》，而知國初粵民之橫被荼毒，蓋倍甚於他省。耿尚藩之鎮粵也，廣州城內外三十里，民間所有廬舍墳墓，悉令夷為平地，俾藩兵築廄養馬。其中居民竄徙流離，為之一空。藥亭哀之，為作是詩。

詩云：「賢王愛馬如愛人，人與馬並分皇仁。王樂養馬忘辛苦，供給王馬王之民。馬日齕水草百斤，大麥小麥十斗匀。小豆大豆驛遞頻，馬夜齕豆仍數巡。馬肥王喜王不嗔，馬瘦王怒王斬人。東山教場地廣闊，築廄養馬凡千群。北城馬廄先為墳，馬廄養馬王官軍。城南馬廄近海濱，馬愛飲水海水清。西關馬廄在城下，城下放馬馬散行。城下空地多草生，馬頭食草馬尾橫。王諭養馬要得馬性情，馬來自遼左馬不輕，人有齒馬服以上刑。白馬王絡以珠勒，黑馬王絡以紫纓，紫騮馬以桃花名。斑馬綴玉鎖，紅馬綴金鈴。王日數馬點養馬丁，一馬不見，王心不寧，百姓乞為王馬王不應。」

遼陽楊某以能歌免殺

順治間遼陽楊某總督松江，偶與無錫進士劉果遠會飲觀劇。酒酣，楊忽拍案呼曰：「止，止！音節誤矣。」劉異之，問楊亦解音律乎？楊曰：「余命實賴是獲存也。初，清兵破遼東，恐貧民為亂，先拘而屠之。又二年，恐富民聚眾謀不軌，復盡殺之。惟四等人不殺：一皮工，能製快鞋不殺；二木工，能作器用不殺；三針工，能縫裘帽不殺；四優人，能歌漢曲不殺。其被殺者，尤以秀才為最慘，以其不能工作，而好議論也。時余為諸生，被獲，問曰：『汝得非秀才乎？』余曰：『非也，優人耳。』曰：

『優人必善歌，汝試歌之。』余遂唱《四平腔》一曲，竟釋去，此余命所以獲存也。」述竟，即於筵間親自點板，歌一闋而散。明季遼陽之兵燹，觀此可見一斑矣。

滿洲親貴得於畿輔五百里內跑馬占圈

國變後，滿洲入關諸親貴，得於畿輔五百里內跑馬占圈，以酬佐命之功績，黎民苦之，蠡縣龐果莊，有嫠婦貧且老，挈一稚孫以居。一日，其宅忽被圈去，迫令即日移出，嫠婦惶急無措，抱其孫倚門哭。鄉人聞而哀之，然皆無如之何。

有邊大有者，慷慨好義，里中少年慫恿之，使出為理論其事。大有慨然往，不得許，且受侮而歸。怒甚，徑返其室取短刀出，其妻問之，不顧。時來此跑馬占圈者凡五騎，大有持刀至，悉殲之。眾大驚怖，勸之逸。大有呼曰：「邊某豈畏死者？若逃去，必累此孤兒寡婦，則哀之者適以害之矣。丈夫有罪不逃刑，死何足惜？」卒自首論死，時稱為義俠云。

《紅樓夢》包羅順康兩朝八十年之歷史

《紅樓夢》一書，說者極多，要無能窺其宏旨者。吾疑此書所隱，必係國朝第一大事，而非徒記載私家故實，謂必明珠家事者，此一孔之見耳。觀賈政之父名代善，而代善實禮烈親王名，可以知其確明珠矣。今略舉所臆見諸條於後，以諗世之善讀此書者。林、薛二人之爭寶玉，當是康熙末允禩諸人奪嫡事。寶玉非人，寓言玉璽耳，著者故明言為一塊頑石矣。黛玉之名，取黛字下半之黑字，與玉字相合，而去其四點，明明「代理」兩字。代理者，代理親王之名詞也。理親王本皇次子，故以雙木之林字影之。尤慮觀者不解，故又於迎春，名之曰二木頭，迎春亦行二也。寶釵之影子為襲人，寫寶釵不能極情盡致者，則寫一襲人以足之。而「襲人」兩字拆之，固儼然「龍衣人」三字，此為書中第一大事。

此書所包者廣，不僅此一事，蓋順、康兩朝八十年之歷史，皆在其中。海外女子，明指延平王之據臺灣。焦大蓋指洪承疇，承疇晚年罷柄權閒居，極侘傺無聊，曩曾於某說部中得其遺事數則，今忘之矣。大醉後自表戰功，極與洪承疇事符合，妙玉必係吳梅村，走魔遇劫，即記其家居被追，不得已而出仕之事。梅村吳人，妙玉亦吳人，居大觀園中而自稱檻外，明寓不臣之意。參觀《桃花扇．餘韻》一齣，當日官府方點派差役，持牌票訪求前代遺民，可知梅村之出，必備受逼迫也。

王熙鳳當即指宛平相國王文靖，康熙一朝，漢大臣之有權衡者，以文靖為第一，書中固明言王熙鳳為一男子也。

一萬八千金之煙泡費

內廷凡遇慶節演戲，召王大臣入座聽戲者，時間以六小時為限。王大臣之有煙癖者，癮發輒不自禁，內監乃得因以為利，度其癮將發，即送茶一杯至，媵以煙泡三枚。犒賞之額，視官缺之肥瘠為等差，自十金至百金不等。

光緒庚辰，俄人以索還伊犁事，幾啟釁。於時辦理海防，召固原提督雷正綰入衛，駐山海關。雷抵都，適孝欽萬壽，得拜入座聽戲之命。雷煙癮極大，聞命深以為憂，乃浼人與內監商明，每小時必送茶一杯，每日六茶，每茶索犒千金，雷不得已從之。計聽戲三日，而茶賞乃至一萬八千金，都下謂為第一闊煙茶也。

虎林軍營唱和詩

吳愧庵名炎，潘力田名檉章，才望相埒。康熙癸卯二月，同以史事株連，逮繫虎林軍營。吳有〈營中送春〉詩云：

一半春光縲絏過，唾壺敲缺待如何。
鶯聲啼老聽難到，柳絮飛殘撲轉多。
晼晚斜陽連雉堞，朦朧短夢繞巖阿。
不堪往事成回首，總付錢塘東逝波。

潘〈漫成〉四首，其一：

抱膝年來學避名，無端世網忽相嬰。
望門不敢同張儉，割席應知愧管寧。
兩世先疇悲欲絕，一家累卵杳難明。

自憐腐草同淹沒，漫說雕蟲誤此生。

其二：

吳關一路作羈累，棘木庭前聽五詞。
己分殘形輕似葉，卻憐衛足不如葵。
下堂真愧先賢訓，抱璧幾同楚客悲。
縱使平反能苟活，他年應廢蓼莪詩。

其三：

圜土初經二月春，薰風又到縶維身。
流螢夜度綈袍冷，採蕨朝供麥飯新。
敢望左驂歸越石，還期長佩擬靈均。
多情最是他鄉侶，閒譜龜茲慰苦辛。

其四：

閱歷風霜只自疑，難將身世問時宜。
窮愁只合吾儕事，姓氏羞為獄吏知。
見說成書刑鑄鼎，不聞有夢召胥靡。
南山此去躬耕好，未可重題酒後詩。

吳〈懷古〉四首，〈詠岳忠武〉云：

將軍野戰最知名，半壁山河一力撐。
義在春秋臣節殫，法過韜略陣雲明。
運移宋曆終江海，功就蘄王敢弟兄。
痛飲黃龍千載恨，錢塘夜夜有潮聲。

〈詠伍相國〉云：

閭闔行歌未身死，一言投契作宗臣。
報仇暮日忘荊國，抉眼衰年看越人。
羅剎江頭潮最怒，姑蘇台畔草長新。
蟲沙猿鶴無窮化，願向波濤向大神。

〈詠蘇文忠〉云：

杭州刺史最風流，簫鼓樓船春復秋。
譏誚每攖丞相怒，判書常應老翁求。
六橋花柳蒙遺澤，兩岸湖山紀勝遊。
當日憐才豈無意？峨眉夜月照高丘。

〈詠于忠肅〉云：

開元城外黑雲屯，土木營邊日月昏。
手挾六龍群喙定，身擔一線國威尊。

戰爭有幾禁南牧，繒幣無多返北轅。
兩字獄成明主惜，高名贏得並乾坤。

〈與美生對酌〉絕句云：

平生恨不學屠沽，輸與高陽一酒徒。
此日尊前須盡醉，黃泉還有賣漿無？

是歲五月，吳與潘俱磔於杭之弼教坊，同死者二百餘人。先一日，吳語其弟曰：「我輩必罹極刑，血肉狼藉，豈能辨識？汝但視兩股上，各有一火字者，即我屍也。」聞者無不流涕。

陳鵬年得免通海之案

康熙時，陳恪勤公鵬年，為蘇州府知府。春日偶遊虎丘，題二律云：

雪艇松庵閱歲時，廿年蹤跡鳥魚知。
春風再拂生公石，落照仍銜短簿祠。
雨後萬松全合遝，雲中雙闕半迷離。
夕佳亭上憑欄處，紅葉空山繞夢思。

其二首云：

塵鞅删餘半晌閒，青鞋布襪也看山。
離宮路出雲霄上，法駕春留紫翠間。
代謝已憐金氣盡，再來偏笑石頭頑。
楝花風後遊人歇，一任鷗盟數往還。

總督阿山，與公不協，得其詩，乃句疏字解，指為咒詛誹謗而奏之。大意謂陳與鄭氏通，故有鷗盟往還之語，蓋鷗為海鳥，而鄭氏居海中，故以為喻也。疏奏，上謂詩人緣情遣興之作，何得輒加羅織，所奏不准，恪勤竟無恙。然當時通海之案，江浙名士富室赤族者數百家，恪勤獨得免，可謂天幸。

八旗貴胄多不通文理

八旗貴胄，多不通文理，有絕可笑者。憶某歲初春在京師，一日，之北城，道經板廠胡同。路北一巨室，丹雘方新，蓋甫落成者。門內懸荊州將軍官銜封牌，而門聯則為「明月三更沉塞北，將星一夜隕江南」。朱箋墨字，書亦頗圓整，大惑不解。詢之知者，乃知為現任荊州將軍之子，浼門客作春聯，門客嘗有求不遂，私銜恨，欺某不識字，故為是以詛之也。然未逾月，荊州都統奏報將軍出缺矣。

紀文達不沒人長

紀文達公以乾隆丙子扈從，道出古北口，偶見旅壁一詩，剝落過半，中有「一水漲喧人語外，萬山青到馬蹄前」二句，公奇賞之。壬午順天鄉試，公充同考官，得朱子穎孝純投詩作贄，則是聯在焉。因歎針芥之契，果有夙因。後公出督閩學，嚴江舟中賦詩云：「山色空蒙淡似煙，參差綠到大江邊。斜陽流水推篷望，處處隨人欲上船。」嘗語子穎，謂此首實從萬山句脫胎，人言青出於藍，今日乃藍出於青。此固騷壇佳話，亦可見前輩之虛心盛德，不沒人長也。

米漢雯之放浪江湖

完平米紫來先生漢雯，為王文貞公崇簡之婿，能詩善畫，時呼為「小米」，性放浪不羈。康熙間舉博學鴻詞，授編修，典雲南鄉試。故事：試差覆命，不得過一年。先生六月朔赴雲南，事竣，浪跡江楚，到處流連，至十二月猶未還歸。兄王瞿庵遣人敦迫，乃就道。及至都，見人輒言曰：「我乃被人押解來京耳。」眾咸笑之。有命在身，而浪遊如是，雖近於放縱者之所為，然世之奔走京華，熱心利祿者視之，能無愧否？

黃葉道人

清初黃葉道人潘班，嘗與一林下巨公連坐，屢呼巨公為兄。巨公怒且笑曰：「老夫今七十餘矣。」時潘已被酒，昂首曰：「兄前朝年歲，與當前朝人序齒，不應闌入本朝。若本朝年歲，則僕以順治二年生，兄以順治元年降清，僅差十餘月耳。唐詩云：『與君行年較一歲』，稱兄自是古禮，君何過責也？」滿坐為之咋舌。論者謂潘生此語頗傷忠厚，宜其坎壈終身。

紀文達記此事，謂名教攸關，不得為之佻薄。因引所作《四庫總目》明代集部，以練子寧至金川門卒龔詡八人列解縉、胡廣諸人前，按語至云：「梟鸞異性，未可同編。」又云：「紆青拖紫之榮，不得與荷戟老兵爭一紙之先後。」詞嚴義正，洵足誅奸諛於既死。其所稱林下巨公，文達特諱言其姓氏，蓋即明降臣禮部尚書常熟錢謙益也。

朱竹垞詠史詩

朱竹垞先生官翰林時，〈詠史〉詩云：「漢皇將將屈群雄，心許淮陰國士風。不分後來輸絳灌，名高一十八元功。」「海內詞章有定稱，南來庾信北徐陵。誰知著作修文殿，物理翻歸祖孝徵？」當時或因天祿秘書，編纂不預，防局華選，薦擢不公，故先生借此抒感。而讀是詩者，謗議橫生，不久遂湖山放廢矣。

龔尚書之憐才下士

合肥龔尚書，憐才下士，嘉惠孤寒，海內文流，延致門下。每歲暮各贈炭資，至稱貸以結客。馬世俊未遇時，長安過夏，侘傺特甚，袖文質公。公讀竟，歎曰：「李嶠真才子也。」贈金八百，為延譽公卿間。明年辛丑，馬遂大魁天下。公卒，竹垞輓詩有云：「寄聲逢掖賤，休作帝京遊。」蓋深惜之也。

季給諫獄中

泰興季天中給諫，為蒼葦侍御之兄。五六歲時，觀演《蘇子卿持節牧羊》劇，惝恍離席，拊几太息曰：「噫，十九年矣！」一座客咸奇之。後弱冠登第，由庶常改給諫，以建議謫遼左，姜西溟稱為本朝第一諫臣，蓋其卓爾不群之概，已於筵前一歎徵之矣。迨賜環時，給諫已歿，特旨歸葬。櫬達里門，適蒼葦以監察御史巡按山西鹽課，彈章數十上，忤旨繫獄。在獄中夢與兄絮語，醒而述為長歌，寄天中柩前以代酒。詩中有云：

呼兄兄呼弟，相見甚相喜。攜持各一手，分明見十指。
顏色非生平，無復舊冠履。長跪問我兄，胡為瘦至此？
兄云爾不知，我今長已矣。形骸關塞外，日閉黃泉裡。
朋友宿草盡，爺娘四千里。爺喜精神健，娘食無甘旨。
三妹又長逝，白髮將誰倚！汝嫂目失光，石英覓燕市。
從來敬寡嫂，青鳥化童子。莫我兒饑寒，我兒方生齒。
我聞淚下雨，長跪不能起。我欲有所啟，收淚復長跽。
白馬真死友，弟曾無錢紙。磷火連破塚，托足兄焉恃？
兄云汝不知，夜台無曉理。雖行我自行，欲止我自止。
聖人復我官，旅櫬歸桑梓。所遺七八口，汝當速經紀。
寄語掌史官，慎勿掛青史。

幽禁之餘，精神想感，而忠孝友悌之情，纏綿固結若此，可以為閱牆者風矣。

林上珍滿清有國論

偽朝之有天下也，唐虞揖讓耶？豈吾君桀紂，天與而人歸耶？抑彼能東蕩西除，勘平禍亂，乘我金湯失守，取而代之耶？余曰：皆非也。彼蓋胡元丑類，銅橋駕海，未殄之與孽，穴居野處，腥膻之禽獸也。彼既非帝天之肖子，吾君亦非亡國之獨夫，乃竟不費一矢，而竊取神器。若此其易，改正朔，易服色，僭位承統，而莫敢誰何者，其故安在哉？此其罪蓋在明一代庸臣。非庸臣誤國，則內患不作，而國必不至於亂；即至於亂，苟亂自我平，則外患無由乘間而入，而國亦必不至於亡。其亡也，雖曰天命，亦由人事也。

蓋向者眇賊猖狂，惟知擄掠，即胡兵不至，以我先帝在天之靈，亦無難驅除而殲滅之。胡為盈廷夢夢，不克肩重任，以掃除元惡，為國家奠磐石之安？致使狼子野心，矜其入衛之德，冒為逐寇之功，強行僭竊，遂至於此。祖宗三百年之大業，社稷生靈之所繫，棄同敝屣。君死未寒，忽然北面臣虜。食祿之家，祖若父悉受朝廷厚恩，夫亦奚忍而甘心哉？假如寇去之日，多以金帛贈之，速返虜騎，然後立君以匡國家，國本以固，徐行討伐，其誰曰不宜？而卒無有能之者，蓋諸臣無有報國之忱，否則智鮮及而謀不臧。加以誘虜之徒，忍心悖理，怙寵貪榮，不顧引狼入室，相率而胥與為夷，不亦深可為痛恨哉！

苟使忠義之臣未盡，智謀之士猶存，則力扶殘局，反危為安，生靈未必左衽，社稷未必丘墟，祖宗大業，亦斷不至為逆虜所有。吾故曰罪在庸臣。誤吾君而不能復立吾君，誘虜來而不能驅虜使去，忠良盡絕，不遺一老，夷狄乃蹂躪中夏。自是而猶忍心害理，謂為天心有在，尚得之謂人類乎哉？雖然，吾有疑焉，天心無久亂之理，虜運無百年之長，惟其來也，天實為之，故竊國之罪，在所不宥。其滅也，亦可以天之福善禍淫卜之。況夷狄之為中國患，歷代所不能免，如玁狁、犬戎、單于、匈奴、吐蕃、突厥、契丹、女真之屬，甚而至於五胡之亂，雖時驚北鄙，賊我疆埸，然亦未嘗統有四海也。即元胡僭亂九十餘年，為從古所未有。而皇明勃起，掃滅妖氛，中國聖人，屢屢應運而出，可知天地之心，不欲夷狄之久有吾土也。況今天下雖屬偽朝，稍有知識者，亦審其徒竊名器，難享永祚，速禍敗而取滅亡，指顧間事耳。

中國之大，吾固莫得而知之。然聞諸道路，川陝、雲貴、巴蜀、崤函之險，已為偽職吳平西王自霸之一隅矣。沔陽漢水，荊襄楚地，自古為富強之國，十年以前，尚轄於孫可望矣。由嶺以南，義幟遮天，青兗之區，王帝幾何？是則偽朝之所有，不過金陵吳會，蕞爾微區耳。況金陵吳會，飛航可達，誠難逆料其不潰，而保其必全也。且古之君天下者，遠方無不庭之臣，玉帛貢於京師，故貴為天子，富有四海。今其賦僅得於蕞爾之地，可徵收者微，而歲幣西戎，以百萬計；邊海窮兵饋餉之需，糜耗無算。費用不足則橫徵，橫徵而民怨，民怨而盜起，干戈四出，亡不旋踵，勢所必至，理有固然。蓋至是而後知人心之不可易，而信予言之不誣矣。

不但此也，凡一國之立，必具大體。今虜廷政事不興，宮廷穢亂，主后其姑，母狎其臣，以此而治，自古未之有也。昔大理少卿康澄疏上唐明宗曰：「國有不足懼者五，深可畏者六：賢士藏匿為可畏，四民遷業為可畏，上下相徇為可畏，廉恥道消為可畏，直言不聞為可畏，毀譽失實為可畏。有一於此，國必來亡。若偽朝者，已兼而有之。而所謂不足懼者，殊無一焉，其能久乎？」珍前代遺民，稚年而當革命，廢興之運，撫時感事，憤不欲生，誠有不忍言者。但恭承明問，用敢略抒鄙懷，言之不詳，實由寡學，伏惟洪恕。

宣宗微服出宮事

道光間，有某貳尹者，蜀產。赴部銓選，名在第二。居久之，第三者被選，又久之，第四第五者以次外放，而已名迄未揭曉。某故寒士，旅居久，窘迫萬狀，初猶冀部胥偶誤，真除之期，終亦不遠，百計借貸，以待好音之至。繼則春明好夢，悟徹黃粱，世態秋雲，亦無有為綈袍之贈者。羞愧之餘，獨至西城外叢林中謀自縊。驀聞彈聲發於林隙，帶懸而絕者再。驚訝間，突有偉男子自林後出，龍顏虎步，顧視非常，叱問胡遽至此，某告之故。偉男子笑曰；「是何難？」語已，出白玉鼻煙壺一，曰；「明日持此至吏部大堂求缺，不得者不出也。」某恍惚間，唯唯而已。明日，敝衣襤褸，如約赴吏部。部中人疑其瘋也，將執付有司，喧擾間，忽有翎頂輝煌者數人出，瞥睹其手中之煙壺，則敬受而置堂上，下拜甚恭。旋語某曰：「此今上之物，若何以得此？」某具白其由，諸人爭以好言撫慰，某亦悚然，知昨遇之偉男子，即為宣宗，天顏咫尺，禍福正未可必。旋諸人入朝，宣宗首詢此事，且曰：「其人現居何職？道耶，府耶？抑曾膺首劇之知縣耶？」諸人囁嚅答曰：「實一微秩之貳尹耳。」宣宗笑曰：「是人亦太福薄，如許瑣事，乃亦擾乃公遊獵清興，無已，其姑擇一最肥美之缺畀彼乎？」諸人唯唯退。明日，某遂揚揚然，挾牒出都門矣。

乾隆六次南巡

乾隆六次南巡，蹕路所經，道由四省。計行宮之在直隸界內者七：曰涿州，曰紫泉，曰趙北口，曰思賢村，曰太平莊，曰紅杏園，曰降河。山東界內者九：曰德州，曰晏子祠，曰靈岩寺，曰岱頂，曰四賢祠，曰古泮池，曰泉林，曰萬松山，曰郯子花園。在江南界內者九：曰順河集，曰陳家莊，曰天寧寺，曰高旻寺，曰錢家港，曰蘇州府，曰龍潭，曰棲霞，曰江寧府。浙江界內者二：曰杭州府，曰西湖。此皆各省大吏臨時建築者。而舊族名園，靈山古剎，其增飾修葺以備翠華臨幸者，猶不與焉。物力之雄厚如此，嗚呼盛矣！

甘鳳池

康熙、雍正間，大江南北以拳勇名鳴者八人，甘鳳池其一也。王葑亭給諫嘗為之傳。鳳池，金陵人，短小精悍，鬚髯如戟。手握錫器，能使熔為汁，從指縫中流出。然在八人中，尚居末座。第七人為白泰官，常州人，技不如甘，而縱跳矯捷，如飛猱疾隼，人不能近。第一人為僧某。第二人為呂四娘，實晚村孫女也。僧淫暴無行，荼毒良懦，七人咸惡焉，思除之以救一方。然自度藝皆不能勝，恐轉為所戕，乃相約以六人合圍之。鬥方酣，白忽從空飛下，以刃刺僧首。僧若弗知者，鬥如故，白又飛去。六人者，復進相搏，如是者三，乃殲僧於地。七人皆散去，各以技雄一方，又誓不作纖毫非禮事。約有犯者，六人共誅之，如僧例。以故海內莫不稱其義俠。

聞此諸人者，皆抱有種族主義，半出鄭延平門下。而呂四娘迫其家難，圖報愈急，其浪跡江湖，蓋將以結納豪傑，共圖大事，非徒博俠客之名而已。世宗御極，屢嚴斥天下督撫捕逮甘鳳池等甚急，雍正朱批諭旨中，猶可見其厓略。其至竟弋獲與否，則不可得而考矣。八人中相傳尚有曹仁虎、路民瞻、周璕諸人。曹仁虎不知係顧庵學士與否。民瞻工畫鷹，得意之作，每常自題曰「英雄得路」。璕工畫龍，為國朝第一手，後竟伏法死，此則見於《畫徵錄》者，或謂《聊齋志異》非純出留仙手，尚有後人羼入之作，其「俠女」一條，即隱指呂四娘。而所謂鬢髮交而模糊之頭顱，即當時某貴人也。疑莫能明，志以俟考。

紀大煙袋

河間紀文達公，酷嗜淡巴菰，頃刻不能離，其煙房最大，人呼為「紀大煙袋」。一日當值，正吸煙，忽聞召命，亟將煙袋插入靴筒中趨入。奏對良久，火熾於襪，痛甚，不覺嗚咽流涕。上驚問之，則對曰：「臣靴筒內走水。」蓋北人謂失火為走水也。乃急揮之出。比至門外脫靴，則煙焰蓬勃，肌膚焦灼矣。先是公行路甚疾，南昌彭文勤相國戲呼為「神行太保」，比遭此厄，不良於行者累日，相國又嘲之為「李鐵拐」云。

吳三桂婿王永康

蘇州王永康者，逆藩吳三桂婿也，初，三桂與永康父同為將校，曾許以女妻永康，時尚在襁褓。未幾父死，家無擔石，寄養鄰家。比長，飄流無依，至三十餘猶未娶也。一日，有相者謂永康云：「君富貴立至矣。」永康自疑曰：「相者言我富貴立至，從何處來耶？」有親戚老年者知其事，始告永康。時三桂已封平西王，聲威赫奕。永康偶檢舊篋，果得三桂締姻帖，始發奇想。遂求乞至雲南，無以自達，書子婿帖詣府門，越三宿乃得傳進。三桂沉吟良久曰：「有之。」命備一公館，授為三品官，供應器具，立時而辦，擇日成婚，妝奩其盛。一面移檄江蘇撫臣，為其買田三千畝，大宅一區，在今郡城齊門內拙政園，相傳為張士誠婿偽駙馬潘元紹故宅也。永康在雲南，不過數月，即攜新婦回吳，終未接三桂一面。永康既回，窮奢極欲，與當道往來，居然列於公卿之間。後三桂敗，永康先死，家產入官，真似邯鄲一夢。

鄭板橋之受騙

興化鄭進士板橋，善書，體兼篆隸，尤工蘭竹，人爭重之。性奇怪，嗜食狗肉，謂其味特美。販夫牧豎，有烹狗肉以進者，輒作小幅報之。富商大賈，雖餌以千金不顧也。時揚州有一鹽商，求板橋書不得，雖輾轉購得數幅，終以無上款不光，乃思得一策。一日，板橋出遊稍遠，聞琴聲甚美。循聲尋之，則竹林中一大院落，頗雅潔。入門，見一人鬚眉甚古，危坐鼓琴，一童子烹狗肉方熟。板橋大喜，驟語老人曰：「汝亦喜食狗肉乎？」老人曰；「百味惟此最佳，子亦知味者，請嘗一臠。」兩人未通姓名，並坐大爵。板橋見其素壁，詢其何以無字畫，老人曰：「無佳者，此間鄭板橋雖頗有名，然老夫未嘗見其書畫，不知其果佳否？」板橋笑曰；「汝亦知鄭板橋，我即是也。請為子書畫可乎？」老人曰：「善。」遂出紙若干。板橋一一揮毫竟，老人曰：「賤字某某，可為落款。」板橋曰：「此某鹽商之名，汝亦何為此名？」老人曰：「老夫取此名時，某商尚未出世也，同名何傷？清者清，濁者濁耳。」板橋即署款而別。次日鹽商宴客，丐知交務請板橋一臨。至則四壁皆懸己書畫，視之，皆己昨日為老人所作。始知老人乃鹽商所使，而已則受老人之騙，然已無可如此也。

萬氏八龍

萬履安先生泰，統宗、季野諸先生父也，舉崇禎九年鄉試。鼎革後，服道士服，隱處不出，文行為天下楷模。有八子，事餘姚黃梨洲，各習一藝，務令精熟。梨洲嘗歎：「浙東門風之雄，莫過萬氏矣。」八子名斯年、斯程、斯禎、斯昌、斯選、斯大、斯備、斯同，即世所稱「萬氏八龍」也。

季野先生名最高，崑山徐氏之《讀禮通考》，華亭王氏之《橫雲史稿》，皆先生所著書，而兩尚書攘之者也。其解經論史之書，未經刊佈者尚多。

斯選字公澤，沉潛理學，師法梨洲，兼紹蕺山陽明之緒。年六十卒，犁洲哭之慟，曰：「甬上從遊，能振蕺山之絕學，公澤一人耳！」

斯大字統宗，志操介持，邃於《春秋》、《三禮》之學。明忠臣張忠節公煌言：「父友陸符死，統宗皆為制服葬之。」李杲堂先生鄴嗣嘗言：「說經無雙，名擅八龍者，昔有慈明，今見統宗。」

斯備字允誠。子劉子殉難，其遺書皆允誠為之藏弆。榭山全氏稱為蕺山之功臣。

斯年字祖繩，少從錢忠節公學，為高弟。俄逢喪亂，劍戟弧矢遍於城市，讀書不輟。既而避地屢遷，家具盡棄，悉載書卷以行。晚主桃源書院，隨學者資性，分經授之，由是來就者日眾。祖繩於三黨皆有恩意，錢公死海外，收其文集，為之立嗣。

斯程力學攻醫，當黃宗羲行刑之日，與泰興高斗魁等畫策，潛載死囚代之，其負宗羲冥行十里者，即斯程也。

斯禎字正符，孝友性成。精研《周易》，旁治《毛詩》、《春秋》。書宗北海，詩有風人之致。

斯昌負才早歿。

萬氏一家，累世通經砥節，其學術行誼，散見梨洲、杲堂、榭山、寒村諸集，及郡邑各志中。蓋兩漢到今，如此門材家法，百不一覯矣。

漁人網得漢印

歸善張翰生都督玉堂，為道光儒將，防海有功，官新會參將。時漁人網得漢印，刻「玉堂之印」四字，都督聞之，即以重價購取，佩之不去身，愛其與己名適符也。孫淵如先生旅居長安，一日遊市上，得一小漢印，文曰「孫喜」。先生小名喜，急購歸，而賦詩以張之，曰：「土花斑駁掩真珠，不在秦殘亦漢餘。一代識君非溟漠，千秋得我是相如。隨身便抵腰懸綬，壓卷新排手訂書。莫笑百年人似客，後來人愛倘因予。」相傳龔定庵以五百金購得之趙飛燕玉印，實為贋物，乃某氏負定庵博債，偽作此印以償之耳。定庵後亦微聞其事，此印亦前償博債，不復居寶藝閣中矣。

紀文達醫瘤

紀文達公生平喜詼諧，朝士常遭其侮弄。有某太守入都，通刺來謁，公見其左額有贅疣，大如核桃，訝然曰：「君坐黃堂典劇郡，而此疾未除，觀瞻不雅。將來薦蒙超擢，開府對圻，尤不足以威僚屬，盍亟療治之乎？」某對以歷經數醫，均未奏效，公曰：「爛面胡同，有刑部郎中某，蒙古人，善治瘰疣，屢著奇驗。第自秘其術，不輕為人醫，君以厚幣而往，庶無靳矣。」某唯唯。越日，備重禮往見。某郎中者，怪其無因而至，衣冠出迎。某見其右額亦有一疣，大小相若，始悟公與之戲，不覺啞然失笑。而所饋之物，已不能返璧矣。

紅豆書莊

東吳惠氏紅豆書莊，在蘇城東南冷香溪之北。先是東禪寺有紅豆樹，相傳為白鴿禪師所種，老而朽，復萌新枝，周惕移一枝植階前，生意郁然，因自號「紅豆主人」。僧目存為繪《紅豆新居圖》，主人自題五絕句，又賦〈紅豆詞〉十首，屬和者數百家。客過吳門，必停舟瞻賞。傳至子孫，數十年來，鐵幹霜皮，遂有參天之勢。惠氏三世研經，蔚然為東南耆碩，風流餘事，洵令人追慕不置。

傳是樓

崑山徐健庵先生，其私家藏書，曰「傳是樓」，向不得其解。後閱汪鈍翁〈傳是樓記〉云：「先生召諸子登樓而詔之曰：『吾何以傳汝曹哉？嘗慨為人父祖者，每欲傳其土田貨財，而子孫未必能世富也；欲傳其金玉、珍玩、鼎彝、尊斝之物，而又未必能世寶也；欲傳其園池、臺榭、歌舞、輿馬之具，而又未必能世享娛樂也。吾方鑒此，則吾何以傳汝曹哉？』因指書而欣然笑曰：『所傳者惟是矣。』遂名其樓為『傳是』。」

梁文莊有古大人風

梁文莊公與陳旬山先生同年相善，文莊為掌院，先生時為檢討。京察列先生於一等，御史歐善劾其徇私。上召文莊面問之，公奏：「陳某在京察，前此已四入一等，臣雖欲矯情避嫌，如公議何？」上知其無他，諭曰：「自後有則改之，無則加勉。」公叩頭曰：「臣敬鄰皇上無則加勉之訓。」同列驚歎，咸以為有古大臣風。

易實甫之滑稽玩世

龍陽易實甫觀察，少負異才，滑稽玩世。為駢體文，寫景處神似洪北江，詩尤瑰麗。往年王之春方用事，易適在京，乃著〈王之春賦〉，呈之榮文忠。榮覽而笑曰：「他在京裡也這樣的胡鬧嗎？」其起聯云：「石頭長巷，繩匠胡同，帽兒變綠，頂子飛紅。」石頭繩匠，皆妓女集合之所。又云：「門多帶馬之人，新交壽老；座有吹牛之客，綽號眉公。」壽老指余某，眉公則指陳某也。

梁山舟之錢癖

山舟先生家世、人品均第一流。第有浚仲之癖，曾以阿堵故，致遭小人之辱。雖事出意外，而責備賢者，不得謂非白璧微瑕也。先是謝少宰墉在京師捐館時，諸子均在家，惟三郎楊鎮視含斂。存歷年廉俸及修贄贈賻得萬五千金，五股各授三子，均存山舟先生處，漸次歸還。獨四郎一股，係孤兒寡婦，屢索不給，謝之長子恭銘，乃至批先生之頰，登門坐索，詬厲萬端。時先生已老，或勸其勿為已甚者，先生曰：「吾受生平未嘗之辱，何顏更為若輩作調人？」客曰：「夫已氏無忌憚若此，故公受此橫逆，不可不令輦下諸公共聞之。且他日鐫王石刻中，多一老拳帖，亦為翠墨異聞。」先生始解怒為笑，諾之。且封入三千金，令轉付三郎以了糾葛。後謝家昆季，棣蕚參商，致遺狀屍控，上達天聽，譴責有加，先生始服客之先見。然不久仍以其侄積逋事，遭細人詬辱。或謂先生一生，皆為富所累，信然。

沙河堡逆旅之謀殺案

有甲乙二人者，販布於外，得厚利，攜資以歸。途遇一賣花者，與同行。夜宿沙河堡逆旅之西偏屋內。賣花者一擔荷兩箱，無餘物。先有販沙壺客，與一瞽者同宿東偏屋。瞽者中夜醒，忽聞西屋斧聲甚厲，繼以人呻吟聲，已而寂然，第聞窸窣聲而已。大疑，悄呼販壺客醒，告之故，客不知所為。

瞽者曰：「我試碎君壺，君即起與我爭，偽喧以覘其變。」西屋三人聞喧爭，果出勸。二人爭益力，瞽者謂失錢，三人指販壺客竊，客不服，遂起相毆。逆旅主人亦來勸，請搜販壺客之橐，搜之，迄無所得。瞽者則大哭曰：「我無目而赤貧，賣卜積得兩緡，大不易。今中夜失之，安知非西屋客所為？凡寓此者，當悉索其囊橐，否則以性命相搏，誓不出此門矣。」西屋三人曰：「我好勸汝，乃誣我耶？」瞽者曰：「汝不來，吾那得相誣？既入我室，則不得不搜驗矣。」逆旅主人憫其無告，又慮有意外事，乃婉勸三人，啟箱以釋瞽惑。

三人固不可，且神色倉皇，眾益疑之，謂瞽錢必為所竊。盡集寓中諸客，迫三人啟其箱。則油紙包各一，血漬殷然；解之，支解二死人也。蓋每箱預藏一人，俟甲乙眠熟，潛出而砍殺之，分置箱中，擬未曉即啟行，人數相符，逆旅主人必不疑也。不意為瞽者所覺，遂敗。縛送官，一訊而服。賞瞽者而置三人於法。此光緒初年北京事。

蘇門三賢

清初容城張果中、蠡縣彭了凡、西華理邕和，並著奇節，皆與孫奇逢友善，王漁洋謂之「蘇門三賢。」果中少任俠，明季左光斗、魏大中被逮，皆主其家。了凡明諸生，亂後遊河朔，依奇逢以居。貞介絕俗，土人饋之粟，不受，餓死嘯臺旁。奇逢題曰「餓夫墓」。邕和本姓李，恥同闖賊，遂復大理之理，奇逢稱為魯連後一人。

潘文勤之好士

吳縣潘文勤公，喜誘掖後進。己丑會試前，吳門名孝廉許某薄遊京師，文名藉甚。一日，文勤治筵邀許及同里諸公聚飲，酒闌，出古鼎一，文曰「眉壽寶鼎」，銘字斑駁可辨。顧語座客曰：「盍各錄一紙，此中大有佳處也。」客喻意，爭相傳寫而出。迨就試時，文勤總司閱卷事，二場經文有「介我眉壽」一題，先期則將眉壽鼎文刷印若干紙，遍致同考官，令有用銘語入文者，一律薦舉，各房奉命惟謹。而某房獨與文勤忤，有首場已薦，因二場用銘文而擯棄者，則許某是也。

而江西學使王勝之太史，乃因是高捷南宮矣。先是，太史館吳大澂家，主賓頗相得，太史公車北上時，吳無以為贈，出所著《古器圖考》一卷授太史曰：「潘某好金石，此屆又必為總裁，姑以此作敲門磚何如？」及期，太史見銘文在《圖考》中，乃悉援引入文。填榜曰，文勤坐堂皇監視，見同里名下士皆入彀中，掀髯自喜。顧許某獨不與，疑焉。記有一卷，置之魁選，或當在是。及拆視，知為太史，乃大恚。科舉之時，倘得倘失，其流弊有如此者。然文勤當時，猶有愛才之意，固不可與夤緣關節者比。

聞太史鄉舉時，試卷中未錄詩題，出闈後，遍語同人，必登藍榜。顧乃未驗，榜發且獲雋。後以磨勘赴部換卷，始知文結處，適在上半頁之末行，謄寫吏書至此，即於轉頁先錄詩題，而後徐徐錄詩，故意未知其脫漏也。會試時，太史詩中押某字出韻，以用銘文故，亦竟無恙。昔高心夔以誤用十三元韻，兩列四等，有「平生雙四等，該死十三元」之句，視太史所遇，蓋有幸有不幸矣。

禾中巨富

乾隆中江浙殷富至多，擁巨萬及一二十萬者，更仆難數，且有不為人所知者，惟至百萬，則始播於人口。洞庭山富室尤多，席氏居首，而禾中王氏、江涇陶氏與之埒。兩姓皆婚媾。一日陶至席所，自泊舟處至席宅，約二里許，夾道皆設燈棚，夜行不秉燭，至則張樂歡宴累日。席謂陶曰：「我所居有未盡善乎？」陶曰：「無他，惟大廳地磚，縱橫數尺，類行宮之物，書室窗外池塘，欠荷芰耳。」席默然。兩時許，復邀過水榭，則已荷芰盈目，送客出廳事，地磚皆易為及尺矣，陶乃大驚服。偶至蘇，閱絕秀班，優者厭其村老，戲誚曰：「爾好觀，何不於家中演之？但日需風魚、火腿方下箸耳」是時戲價需二百金，陶歸，遽定一百本，閉之廳事，使其自演，無人閱者。一日兩餐，捨風魚、火腿外無他物。十日後，諸伶大窘，乃謝過始罷。

禾中陶氏外，以查氏為巨富，陶約數百萬，查則天津鹽務敗歸，本逾千萬，返里猶一二百萬也。所居有內外二園，林壑幽曠，內室尤宏麗，皆仿內式。主人官侍御，歸里幾二十年而歿。閉門不與人通，起居服食，皆擬王者。其外岸派夥更動，皆手書某人去，蓋仿邸抄云。查小山有折，即聲山，宮詹之曾孫，在天津以鹽務起家，祖父亦為御史，家門鼎盛，與朝貴皆至親，一時煊赫無比。少年以一子承兩房，計產三千萬，年甫四十遽卒。計平生揮霍，殆不下六七千萬，故俗呼曰「遮半天」。其母喪時，三相國並集，為之知賓，致花侍御參奏戴大庾，即此事也。中外大寮困乏，無不資之，如陶文毅、白文敏，每貸銀率以萬計，取之如攜也。

其最著名，乃四鼓開正陽門一事。禁門非特旨不能夜開，查在城外宴客，忽有事急於還宅，時已三鼓，乃使其幸客道地，門遂獨房，以三十萬犒守門兵。此事一時哄傳，以為豪舉。其出京歸浙省墓，出國門時，直督差材官十數輩，護行至山東，而東撫弁已至矣。至河漕兩督及江督蘇撫處，亦如之。過關舟在三里外，開關候過，其十八站尖宿鋪、張房屋皆一試，蓋每站預派數家丁供帳也。侍妾數十人，皆乘輿，後車幾百數。至禾，邊閫督閱伍，泊南岸，太平巨艘十數艇，用紅旗；查泊北岸，船之巨而多如之，用監旗。其聲焰幾出疆吏上。其叔父以侍御在家，與之假二百萬，叔以五十萬與之，不欲而去。

魯顛子

魯顛子者，無名字。嘗居平湖，盛暑或衣綿絮，雪中則赤體遊行，嬉笑自得，亦嘗遇人家索酒飲，數斗不醉，自言當在雲間脫殼。遂往松江，遇知府方禹修出，作醉顛狀，大呼斥其名，且曰：「當不良死。」方怒杖之，立斃。後二年有人見之吳閶門，有〈醉歌〉一首云：「擲杖下丹丘，寒花點石樓。十年殘醉裡，不見海山秋。」

翰墨香

閩荔枝有翰墨香者，產銅山黃氏圃中，石齋之祖別墅也。石齋之圃生荔枝一，結實三百六十五枚，每歲實如之。鄉會試入翰林，實倍之。石齋死，樹亦枯。

王一翥

王子雲一翥，雲澤尚書曾孫，崇禎庚午舉人，楚名士也。亂後隱廬山，講學五老峰下。一日，與諸生同觀瀑布，忽發問曰：「『逝者如斯夫』，汝等作何解？」諸生不能對，遂拂衣歸。素與龔鼎孳善，龔使東粵，過黃州，相見賦詩極歡。

大寧洞黃冠

謝南衡者，武昌人，本姓朱。嘗遊黔蜀間，至大寧洞，洞有一黃冠，兀坐如枯枝，問之不答，試手觸其冠，應手墮地為灰。旁有一印，文曰「大寧巡簡司」。蓋此人明世為是官，鼎革後，避地修真於此坐脫。印故所佩，雖入定未嘗捨也。洞深處石壁，有羅念庵題一絕云：「海門千丈浪如山，一轉千年瞬息間。洞裡聞雷催雨急，作龍爭似作魚閒。」道流言念庵先生住靜處，皆不可知也。

卷中

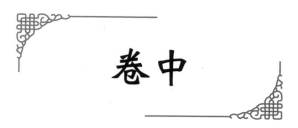

噶禮真燒坯

康熙末年，江督噶禮辦事勤敏，喜著聲威。嘗以南闈號舍逼窄，請旨增建，而貪婪不法，無敢言者。辛卯歲，江南科場事發，噶袒護之，得銀數十萬兩。又大縱估客，糶米出洋，米價一時騰貴，以至軍民交怨。時儀封張清恪公伯行，為江蘇巡撫，密飭查拿，果得總督令箭，並訪獲張元隆等交通海賊情狀，以實參奏。聖祖震怒，正欽差張鵬翮出京審辦科場，兼訊噶禮。而噶禮權勢甚盛，遂以反誣革張伯行職。事聞，上曰：「朕素知張伯行為天下第一清官，著加恩免議。」旋調倉場侍郎，而罰噶禮修熱河城工以贖前愆。

五十一年九月，上知城工未完，懈於督辦，遂將噶禮拿交刑部。適噶禮之母，詣都察院訟禮忤逆，令家人進毒弒母等事，奉旨廷訊確實，發部議以凌遲處死。上命先將噶禮眼珠挖出，又割其兩耳，籍沒其家，妻子同謀，法皆斬首。其母恨禮甚，又詣刑部，請照陶和氣例，凌遲後，焚屍揚灰。有旨賜帛，而噶禮又賄囑帛繫未絕時，即行棺殮。監絞官候至夜分，忽聞棺中語云：「人去矣，我可出也。」聞者大駭，劈其棺，噶禮遽起坐，因耳目俱無，不知所之。監絞官懼事泄，一斧劈倒，連棺焚化，始行覆命。上笑曰：「這奴才真燒坯也。」此案見康熙五十一年邸鈔。

明哲保身

湯潛庵先生撫蘇時，嘗詣東林講學。有邑紳某，曾委蛇閹逆而脫歸者，於座講明哲保身之義，縷縷不絕。潛庵厲聲云：「比干諫而死，亦是明哲保身！」邑紳面發赤，無地可入。然先生實不知其舊事也。

文與也之廉潔

文點，字與也，長洲人。文氏累世儒雅，待詔法之書，三橋之篆刻，世寶貴若球璜。至文肅公震孟，復已經綸氣節，領袖東林，事載前史。鼎革後，文肅之孫點，又負盛名。詩古文辭、書畫金石，咸不失高曾矩法。執親喪三年，止酒撤肉，晝夜居廬。服除，祀事惟謹，朔望，肅衣冠拜宗祠，祭日，雖風雨必返祭。兄然，為逋賦所累，轉貸親懿，輸之官，薄遊京師，有貴人欲以國子博士薦，力辭引去。

富人子具兼金求畫，期以三日走取，恚曰：「僕非畫工，安得受促迫？」擲金於地，其人再請不顧。嘗舍蓮經慧慶寺。

湯斌撫蘇，屏騎訪之，問為政之要。曰：「愛民先務，在去其害。如虎丘採茶，府縣吏絡繹征辦，積弊有年，公能除之，即善政矣。」斌乃伐其樹。斌嘗語曰：「聞先生存田三畝，何以給饘粥？」對曰：「貧者，士之幸也。」斌稱善。一亭戶擁厚貲，以千金為壽，請通姓名於斌。曰：「湯公以道義交我，我豈負之？若既傷惠，吾復傷廉，奚取為？」亭戶慚而退。

尤西堂之和易

汪鈍翁堯峰，以古文自矜異，少可多怪，見俗子議文章者，恒面斥之。同時尤西堂以檢討告歸家居，距堯峰不百里，延接後進，以詩文縑素請者盈庭戶，有求必滿其意。年少略能弄翰，獎飾不倦。故人咸畏縮堯峰，而樂西堂之和易也。

嚴蓀友之畫鳳

嚴蓀友宮允《秋水集》詩文，與竹垞、次耕輩埒名，書法亦入晉唐之室。善繪山水仙佛、花木蟲魚，靡不曲肖。尤精畫鳳，翔舞竦峙，五色射目，觀者歎美，以為古畫家所無。

趙芥堂之惠政

錢塘趙芥堂，令長洲，多惠政。民有訴子不養贍者，趙鞫問未竟，曰：「爾輩久候當饑。」各予百錢，令食而後鞫。既至，問父食乎？曰：「食已。」「百錢盡乎？」曰：「盡矣。」問諸子，則兢兢然獻其餘錢八十餘，僅食十數錢耳。趙怒其父曰：「爾小民，生理幾何，一食而盡百錢，則非子之不養力，不遂汝欲也。」呼左右予杖，其子叩頭乞哀，詞色迫切，勝於己之將受杖者，趙兩諭而釋之。自是民父子以慈孝聞。

冬月有鄉民擔糞，而傾於衣肆之門，主人怒其不祥，欲褫其衣拭之。鄉民乞哀，左右勸解，皆不聽。趙適至，叱鄉民曰：「爾自有謹，即褫衣拭地固當，不從將重責。」時大寒，風雪交作，鄉民解衣，裸體傴僂。戰慄從地上涴滌污穢。市人竊竊憐之，謂縣官助富貴欺窮民。拭既淨，公問主人：「爾意釋乎？」主人喜而謝，公曰：「窮民無衣，凍死奈何？」主人曰：「惟公所命。」即使民自就衣架取之。民踧踖取衣衫一，趙曰：「單衣不足禦寒，易之。」易絮襖，曰：「絮不如裘。」遂取一羊裘，值十餘金。趙使民披裘擔具先行，主人之徒目送之，俯首而入。

郭琇有墨吏聲

湯文正公斌撫蘇時，聞吳江令郭琇有墨吏聲，公面責之。郭曰：「向來上官要錢，卑職無措，只得取之於民。今大人如能一清如水，卑職何敢貪耶？」公曰：「姑試汝。」郭回任，呼役汲水洗其堂，由是大改前轍。公善，特保舉卓異。而前任蘇撫余國柱方掌綸扉，徵賄巨萬，聞之，銜恨刺骨，嗾人劾奏。虞山翁鐵庵司寇從而和之，賴上稔知郭無他，故得以保全。

時常州貢生何義門在京考選，為鐵庵門生，遂登門攘罵不已。索還門生帖，否則改稱，不認為師，義門由是知名。康熙二十六年，郭內升御史，於半年中參罷三宰相、兩尚書、一閣學，直聲振天下，稱為「鐵面御史」。旋以吳江張令虧空舉發舊案，侏連落職，擬遣戍。幸上以郭琇居官尚有風力，免其治罪，二十八年擢兩湖總督。

顧亭林軼事

亭林先生，貌極醜怪，性復嚴峻。鼎革後，獨身北走，凡所至之地，輒買媵婢，置莊產，不一二年，即棄去，終已不顧。而善於治財，故一生羈旅，曾無困乏。東海兩學士宦未顯時，常從貸累數千金，亦不取償也。康熙丙辰，先生偶至都，兩學士設宴，必延之上座，三爵既畢，即起還寓。學士曰：「甥尚有薄蔬未薦，舅氏幸少需暢飲，夜闌張燈送回何如？」先生怒色而作曰：「世間惟納賄淫奔二者，皆於夜行之，豈有正人君子而夜行者乎？」學士屏息肅容，不敢更置一詞。陸舒城嘗言：「人眼俱白外黑中，惟先生兩眼，俱白中黑外。」非習見不知其形容之確。

左文襄之絕大經綸

左文襄在甘肅時，一日值盛夏，解衣臥便榻上，自摩其腹。一材官侍側，公顧之曰：「汝知此腹中所貯何物？」對曰：「皆燕窩、魚翅也。」公笑叱曰：「惡，是何言！」則又曰：「然則鴨子、火腿耳。」公乃大笑而起曰：「汝不知此中皆絕大經綸耶？」材官出語其曹曰：「何等金輪，能吞諸腹中，況又為絕大者耶？」聞者咸捧腹。

婦人因男姦自盡

山陽富室陳某，夙有斷袖癖，其孌童徐容，陳最嬖幸之。因為之娶妻，而後庭之愛，仍未之斷也。成婚甫兩浹旬，徐婦乘輿歸寧，陳即往徐室續舊。不意婦忘攜禮物，返輪歸取，徑入臥房，乍見陳與徐狀，憤氣填膺，奔赴廚下，取菜刀自刎死。世有因妻不安於室，羞憤自盡者矣，從未聞因夫被人男姦，而羞憤自盡者，事誠奇絕。然婦之節烈，可以風矣。

韓仲琦之美人計

嘗聞父老言韓仲琦中丞，用美人計捕獲張三一事，可助酒闌茶熱時之一談，爰記之。張，太湖劇盜也，驍勇有膂力，聚黨數百人，橫行水上。韓撫吳時，欲捕之而無其人，會東山武士朱某在蘇，效毛遂所為，慨然以捕盜自承，韓許之，與之以計。張素有聲色之好，朱因親結其黨人某，佯為求入黨，有奉千金為張壽，並以豔妓蓮芬、武伶沈某進。張大喜，乃招朱至幕下，張樂開飲，醇酒巨觥，不覺頹然大醉。沈復作女裝，與蓮芬左右勸飲，張醉益不支。朱預令勇士偽作童僕，更番進肴饌。沈見張已醉，急出袖中索繫其頸，諸勇士競前縛之，星夜解轅正法。其黨駭散。而湖中匪類，自此稍斂跡。

詩人騾博高名

詩人崔不雕，居太倉之直塘，性孤潔寡合，吳梅村目為「直塘一崔」。《居易錄》稱崔詩清異出塵，有句云：「丹楓江冷人初去，黃葉聲多酒不辭。」人目為「崔黃葉」。又歷城王蘋能詩，嘗有句云：「亂泉聲裡才通屐，黃葉林間自著書。」又云：「黃葉下時牛背晚，青山缺處酒人行。」漁洋亦目之為「王黃葉」。考自來謝蝴蝶、鄭鷓鴣、袁白燕、鮑夕陽、紅杏尚書、三影郎中之類，多以詩詞斷句，騾博高名。即漁洋賦「郎似桐花，妾似桐花鳳」一詞，亦有「王桐花」之號。

江鄭堂令後世難於位置

甘泉江鄭堂，淹貫經史，博通群書，旁及九流二氏之學，無不綜覽。詩古文豪邁雄肆，才氣無雙。嘗作〈河賦〉，以匹郭景純、木元虛〈江〉、〈海〉二作。其為人，則權奇倜儻，能走馬奪槊，狂歌豪飲，好遊好客，至貧其家。儒林、文苑、遊俠三傳，令後世難於位置。

吳三桂為前明武舉

清藩臣平西王吳三桂，明之武舉之，出江南某公之門。某公歿，其子奉母以居，貧無以供菽水。一日，於故書中得《武舉試錄》一冊，見吳名，始悟出父門下。時吳鎮雲南，方貴盛，欲往謁之，以告母。母初不可，既而貧困日甚，乃許之。鬻田質簪珥治裝以行。比至滇，旁皇歧路，不克自達。賃字市中，聊給朝夕。忽遇藩下護衛，詢其籍貫，知為江南士人，邀至家塾。既半載，賓主頗洽，因從容言欲一見王可乎？詢其願見之故，乃為敘述師友淵源所以然者，護衛諾之。一日，吳大會僚佐，酒間歷言少年時起家科目，誇示座客，護衛適侍側，即跪啟曰：「王當日出江南某公之門乎？」吳驚曰：「然，汝安從知此？」護衛曰：「某公有子貧困，萬里上謁，至此無由自通。今寄食某所，故知之耳。」吳大喜，立召之，使預賓筵為重客，留府第中數月。某以母老告歸，吳又大集賓僚祖道，贈以二萬金，別扃鐍一篋為母壽，皆珠寶也。某歸江南，遂為富人，惜不知其姓氏。

琅琊王若之詩

若之字湘客，前明戶部尚書基之孫也。歷官參議，孤清絕照，清談如晉人。服官留都，放情山水，買舟遊武林，窮湖山之勝。三忤閹寺，罷官居金陵。乙酉避亂姑熟，干戈崎嶇，獨載三代古鼎彝、書法、名畫，兼兩連舳，寢食與俱。其答人書云：「正惟草莽之中，當守堅一之節。」遂死。所與遊者，鄒南皋、馮少墟、鐘龍淵、張藐姑、李懋明、左蘿石諸公，皆一代偉人。

湘客詩清，無啟禎氣習，最工尺牘，卑辭片語，逼似晉宋間人。絕句云：「素宇流孤月，清光照雁聲。似從千里外，寄與故鄉明。」「驢背肩似山，笠下眼如海。偶見漁樵人，行歌互相待。」「恰遇青山白水，忽來細雨斜風。俗駕還多高寄，便止宿於此中。」「若言造物勞人，那得伯師遮道？清涼是大藥王，一拂一濯甚好。」「片時眼界澄清，鼻觀與之俱省。脫巾解帶匡床，消受荷花百頃。」「圖書蓑笠載輕舲，雨雨風風去不停。疑是煙波垂釣者，居然呼吸有樵青。」「三十寒香繞屋栽，果然林下美人來。狂夫自許非寥落，眷屬妻孥總是梅。」聯句如：「風雨松堂集，燈殘經不明。」「風煙無市色，時令屬山秋。」「半將春事負，始有故人來。」「戶外惟羅雀，林間復鬥牛。」「如何橫白雨，忽已失青山。」「雨餘春尚冷，江上柳初眠。」「正是春潮長，還當暮雨時。」「登高逢九日，不速恰三人。」「扁舟乘曉霽，歸棹作浮家。」「學語兒呼吸，消閒婦鬥茶。」「林端秋露滴，草際候蟲鳴。」「壁藻浮沉處，白□三兩枝。」皆非凡語。

徐元直尚在人間

崇禎九年，漢中人劉一真，入終南山採藥，遇仙人自言徐元直，令一真奏事。有旨下撫按察訪，成都費經虞有詩云：「傳聞徐元直，尚在南山云。我欲從之去，高峰麋鹿群。」

王公貴臣以拒客為禮

士相見禮，自古有之，未聞有拒客為禮者。大凡王公大臣，越富貴則賓客越多，賓客越多則越拒客，其勢然也。王夢樓侍講出為雲南太守，參見督撫，始到官廳，至於腹饑口渴，欠伸倦坐，終不得一見。嘗有詩云：「平生跋扈飛揚氣，消盡官廳一坐中。」誦之令人齒冷。昔蘇子瞻為鳳翔判官，陳希亮為府帥，以屬禮待之，人謁或不得見。子瞻〈客位假寐〉詩云：「同僚不解事，慍色見髯須。雖無性命憂，且復忍須臾。」亦此意也。

裘文達無不見之客

相傳裘文達公為尚書時，最喜提獎後進，體恤寒畯，是以賓朋日多，車馬日盛，無有不見之客者。每日朝回，請賓朋聚於一堂，而自居末坐，一一問語。或有未飯者，輒留飯，使賓朋鼓腹歡欣而去。而私謁之輩，從此杜絕，愛士賢聲，亦從此益著矣。

劉忠誠祠聯

劉忠誠祠落成時，各官均送聯語以致敬意。外務部左丞某公，時充江南鄉試副考官，亦有一聯云：「可托六尺孤，可寄百里命，公無愧焉，君子歟？君子也；因保半壁地，遂妥九廟靈，功誠偉矣，如其人，如其人。」款署頭品頂戴外務部左丞江南鄉試副考官某某。或襲其語句嘲之云：「本是外務部，來充副考官，運亦佳哉，頭品歟？頭品也；硬寫論語句，掛在忠誠祠，膽莫大焉，笑死人，笑死人。」

烏中丞

道光時，烏中丞巡撫浙江，但留意海塘及考試書院二事。浙人作對譏之曰：「畢生事業三書院，蓋世功名一海塘。」又烏嘗至某書院，適見院中諸生爭食，烏笑曰：「好一群老鼠！」未幾，瞥見一紙在公案，上書一聯云：「鼠無大小皆稱老，龜有雌雄總姓烏。」

蔡木龕布衣

蔡木龕布衣，錢塘人，居於武林門內之斜橋河下。身為鹺務司會計，而往來皆文士。家貧，愛客若性命。室無應門五尺之童，惟一老嫗給事，門懸竹梆一事，客至擊之，則此嫗啟扃而出。內門設題名簿，凡訪者先書姓氏焉。登其堂，修潔無塵，茗碗熏爐，位置貼妥，酒談茶話，客便是從。性不愛花而愛草，牆階盆盎悉植之。

所植之種，芋綿娟秀而莫呼其名者，不知凡幾。則尋常種類，一經是翁澆灌培植，鮮媚迥異凡恒。尤酷愛翠雲草，臥榻之院，寬可數弓，貼地平鋪，一碧無隙。每當夕陽新雨，望之如西洋翠罽，蓋貯水之筒，掃葉之帚，去穢之沙囊，無一時離手也。翁不作詩，而善談論，腹笥極博，嫉惡如仇，所有白眼者，出一語必刺入骨。又好游談，一丘壑之勝，必窮其境而後已。性尤耿介，不妄取與。而待人接物，則仍煦煦作春氣，殆市隱之流歟！

毛西河拒奔女

毛西河少與兄萬並知名，人呼「小毛子」。性恢奇，負才任達，善詩歌樂府填詞，所為大率托之美人、香草，以寫其騷激之意。纏綿綺麗，按節而歌，使人淒悦。又能吹簫度曲，遊靖江，當壚馮氏者，悦其詞，欲私就之。西河謝曰：「彼美不知我，直以我為狂夫也。」徑去。見施愚山所作〈毛子傳〉。

按西河少年落拓江湖，無復繩幅，《鲒埼外集》痛詆之，他書亦多訾議。是舉拒奔女於旅肆，尚不失為君子之行。特蒙難出亡，對酒家婦吹簫按節，其人去狂且幾何。況既知引避，又復以彼美之姓氏里居，播告朋輩，則仍西河之所以為西河也。

杭堇浦負謝山於死後

徐先生《煙嶼樓文集》，有記杭堇浦一篇，節錄之。曰：「始二人以才學相投契，最為昵密，客京師維揚，無一日不相見。談笑辯論，相服相稱歎，數十年無間言也。既而謝山膺東粵制府之聘，往主端溪書院，堇浦同時為粵秀書院山長。謝山自束脩外，一介不取，雖弟子饋時物，亦峻拒之。而堇浦則捆載湖州筆數萬，乞粵中大吏函致其僚屬，用重價強賣與之。謝山遺書規戒，謂此非為人師所宜，不聽。謝山歸，以告揚州馬氏兄弟。他日堇浦至，馬氏秋玉昆季甚詰責堇浦，堇浦不敢辯，而怨謝山切骨，而謝山不知也。謝山既卒，其弟子如蔣樗庵、董小鈍諸君，念其師執友莫堇浦若，乞之銘墓。堇浦使來索遺集，與之，久無報章，屢索還遺集，終不報。而堇浦《道古堂文集》雕本出矣。諸君視其目，有《鮚埼亭集》序，欣然檢讀，則若譽若嘲，莫解所謂，細繹之，又似謝山有敗行者，皆大驚怪。又遍觀其他文，則竄謝山文為己作者六七篇。於是知堇浦賣死友，而不知其賣之之故。既而有自維揚來者，道其詳於樗庵，始恍然大悟。其後樗庵弟子，有抄《鮚埼亭集》，而以杭序冠首者，樗庵見之大怒，乃手記堇浦負謝山始末於序後。」

而此書後歸徐先生，故先生詳述之如此。樗庵固不妄語，徐先生亦不輕詆前輩者，且堇浦《粵遊集》，每有以湖筆饋某官詩，其文集中考據論辨之作，頗有《鮚埼》相出入。然則才如堇浦，竟有文無行至此，亦可唏矣！

嚴鐵橋之落拓

歸安嚴鐵橋可均，博綜群籍，精校讎，輯書甚富。顧性跌盪，少時家居，殊落拓。喜食肉，欠肉資甚多，屠某催索甚急。一日，嚴過屠肆，屠人又向索錢，嚴怒，遽奪屠刀砍之，屠踣。嚴懼，擲刀隻身走京師，匿姚文僖公宅中，姚閉諸室不使出。因發藏書讀之，遂成名。

紀文達奉旨納妾

河間紀文達公，為一代巨儒。幼時能於夜中見物，蓋其秉賦有獨絕常人者。一日不御女，則膚欲裂，筋欲抽。嘗以編輯《四庫全書》，值宿內庭，數日未御女，兩睛暴赤，顴紅如火。純廟偶見之，大驚，詢問何疾，公以實對。上大笑，遂命宮女二名伴宿。編輯既竟，返宅休沐，上即以二宮女賜之。文達欣然，輒以此誇於人，謂辦「奉旨納妾」云。

鹽商之繁華

揚州繁華以鹽盛，兩淮額引一千六百九萬有奇，歸商人十數家承辦。中鹽有期，銷引有地，謂之綱鹽。以每引三百七十斤計之，場價斤止十文，加課銀三厘有奇，不過七文。而轉運至漢口以上，需價五六十不等，愈遠愈貴，鹽色愈雜。霜雪之質，化為緇塵，鄉曲貧民，有積日累旬，堅忍淡食者矣。此非正課致之，而商人積弊累之也。

諸商所領部帖，謂之根窩。有根窩者，每引抽銀一兩，先國課而坐收其利，一也；運腳公用，額定七十萬，近年十增其五，而用不及半，二也；漢口岸價，每引又派一兩有奇，三也。即此三項，已倍正課而過之。加以鹽院供億，各大憲緝捕犒賞，又豢養乏商子孫，月支萬計。最奇者，春台、德音兩戲班，僅供商人家宴，而歲需三萬金。總商謁見鹽院，一手版數十文耳，而冊載一千兩。率由總商立名目，取諸眾商。委員王鳳生查請裁革。其浮冒無忌類如此。由是侈靡奢華，視金錢如糞土，服用之僭，池台之精，不可勝紀。

而張氏容園為最著，一園之中，號為廳事者三十八所，規模各異，夏則冰綃竹簟，冬則錦幕貂帷。書畫尊彝，隨時更易，飾以寶玉，藏以名香。筆墨無低昂，以名人鑒賞者為貴；古玩無真贋，以價高而缺損者為佳。花史修花，石人疊石，水木清湛，四時皆春。每日午前，縱人遊觀，過此則主人兜輿而出，金釵十二，環侍一堂，賞花釣魚，彈琴度曲，惟老翁所命。左右執事，類皆綺歲俊童，眉目清揚，語言便捷，衣以色別，食以鐘來。其服役堂前，而主人終世茫然者，不知凡幾。梨園數部，承應園中，堂上一呼，歌聲回應。

歲時佳節，華燈星燦，用蠟至萬數千斤，四壁玻璃射之，冠釵莫辨，只見金碧照耀，五色光明，與人影花枝，迷離凌亂而已。其埒於容園者，若黃、若程、若包，莫不鬥靡爭研，如驂之靳。不數年而資本日絀，虧及公款，朝廷借帑助之。定法兩年三運，後則一運兩年。積習既深，外腴中瘠，愈斫愈深，而敝壞不可為矣。

鄒小山軼事

吾鄉鄒一桂少宰小山，以文學受主知，尤工繪事，至今零縑尺素，得者人爭懷寶。相傳其微時好作狹邪游，尤喜擫籥，與梨園諸弟子相徵逐，度曲填詞，樂此不疲。封翁某，性最嚴正，屢戒勿悛，逐之出，不得承為子。少宰飄泊里門，久之困甚，倩人哀其父，少加憐憫，遊說萬端不為動。時少宰已為諸生，因以攜資應試請，封翁曰：「子弟賢，貧賤何害？不賢，即富且貴者，寧遂免若敖氏之餒耶？」少宰乃隻身北上。僅攜一布被與俱。途間去被中絮，乘夜實草根敗葉於內，壓背隆然，詣旅邸求宿。翌晨，傾被中物於地，置被懷袖間，悄然扃門出。邸中人意負物在室中，必無他慮，不知少宰已賺得一夕膳宿資，揚長去矣。長途轉徙，悉用此術。抵都地所事事，仍溷跡於歌場舞館間，豪竹哀絲，一時並奏，見者固不知其為失路之王孫也。

都中聲伎居天下最，時崑曲盛行，好事者又率自置鞠部，引商刻羽，細入毫芒。少宰之術，不足以並駕儕輩，漸遭是中人白眼。一日高宗傳旨進樂，酒酣以往，粉墨登場，自演《李三郎羯鼓催花》劇。宸衷偶愜，試一為之，未必能一一協律，主器者苦不能稱旨。獨少宰能隨其意為節奏，抑揚頓挫，無不合拍，高宗大悅。供奉既頻，詢及家世，急使納監入北闈，並授意於主試者，聯翩獲售，遂以一甲第三人及第。臚唱後，捷音抵家，其封翁猶嚴詞致拒，謂小冠子夏，或有同名之誤也。少宰既登第，高宗每閒居奏樂，不復以前事相浼，且時藉他事督責之。少宰乃益刻勵圖報，卒以致身清要，長為文學侍從之臣。而高宗當日駕馭人才之雄略，亦於此可見一斑矣。

記趙舒翹之軼事

光緒庚子五月，拳禍作。六月，聯軍集大沽。時端王、慶王、榮祿、剛毅、趙舒翹皆值軍機，大沽失守後，孝欽召見軍機，傳諭單叫起，問戰守之策。首端王力陳戰利。次慶王，請聖明決斷，依奴才愚見，則和利；次榮祿，力陳和利；次剛毅，力陳戰利。最次為趙，奏對最久，有不如先戰，戰北再和，亦未為遲之語。且謂現在大軍會集京師，各省勤王之軍亦將到，即使戰敗，外人亦決不能長驅直入，慷慨激昂，語極動聽。孝欽意遂決，卒致兩宮西狩，趙亦賜死。至今論國是者，追原禍始，猶歎息痛恨於趙之一言幾喪邦也。然趙自鳳陽府洊升刑部尚書，歷任皆有聲。客有自皖公山來者，為言趙守鳳陽時之遺事甚悉。於捕治蠹胥衛虎事，尤稱頌不置。

先是，某縣東西鄉有甲乙二姓者，家富百萬，各為一鄉冠。甲有女許與乙子，年及笄矣，以迷信甚深，姻期屢阻。乙憾之，自擇一日，謂再愆期者，當為其子別娶。甲懼，乃親送女于歸。兩家相距數十里而遙，時值溽暑，中道已疲乏不勝，天復驟變，雹雨大作，乃休於一古廟而息。會他家亦有迎娶，遇雨而入廟暫避者，兩家新嫁娘各出輿坐憩。驀聞槍聲驟發，識為盜警，倉猝間燈火盡熄，昏黑中乘輿竟去。甲以疾作先返。比甲女至乙家時，乙父正衣冠延客，女突於輿中躍出，大聲詬厲，出利刃刺乙父斃，旋亦自刎。新郎見釀禍，奔縣呈訴，翌晨而女屍竟失所在。於是縱女弒翁，移屍圖賴之罪，甲百口不能自辯。爰書一定，秋決且有日矣。

顧兩家雖因婚期事稍齟齬，初無宿怨致相殘殺理，且移屍之舉，亦疑莫能明。甲僕某，老而任俠，微行四訪，竟得女於盜船中。蓋女在古廟中，誤登他人輿，而此娶婦者非他，即著名之蠹胥衛虎。是虎盤踞公門數十年，擁資巨萬，梟匪盜賊，皆往來其門下，權勢薰天，邑宰亦懾其名不敢問。顧無子，瞰佃人之婦美，強奪之。婦矢必死，預囑其夫遠颺避禍。既與甲女誤登彩輿，入門，見衣冠而主人者，即手刃之，初不知其誤殺也。虎見甲女，知為誤投，以美勝於婦，大喜。勸之不從，強之不可，脅之以刃不為動。既審知婦刃乙父事，急使其羽黨深夜移屍滅跡，而扃女於別室。至是擬載往他處，貨作錢樹子。乃適為甲僕所得，因偕奔至縣，為其父鳴冤，且訟虎之暴橫。詎邑令已先入虎言，轉誣女為行刺私遁，下諸獄，榜掠無算。

甲僕忿甚，赴府控告，而令不知也。一日，令強女畫供，不從，將治以一品衣之極刑。一品衣者，以鐵片作衣，烙火成紅色，而加諸囚身，痛等凌遲，慘逾炮烙，一用而囚無不屈供。問官可因是高遷，故名之曰一品，亦虎新發明之利器也。方威逼間，有人報郡守至，驚愕間，趙已入。笑謂：「老兄太忙，今日姑由兄弟代理案件何如？」登堂數語，即釋甲父女，並愷切勸諭乙子，甲女賢淑，服闋後必仍娶為室。旋械繫衛虎返署，明日而邑令去任，委人代理矣。虎入獄後，堅不署諾，且百計請託官紳為之說項者，日凡數至。趙預計其數，一度請託，則掠虎若干。一夕，夜半坐堂皇，笞虎臀數千，虎惘然不解所以，則是夜趙宿寵姬處，姬言及「衛虎」兩字也。後趙卒以是去鳳陽，而先一日虎已瘐斃獄中，闔境頌神明焉。趙治此獄殊有風節。

管韞山之論詩

管韞山為時文大家，詩名為文所掩。嘗讀其集中論詩之語，有極雋妙者，謂五言古詩，琴聲也，醇至淡泊，如空山之獨往；七言歌行，鼓聲也，屈蟠頓挫，如漁陽之怒撾；五言律詩，笙聲也，雲霞縹緲，疑鶴背之初傳；七言律詩，鐘聲也，震越渾鍠，似薄牢之乍吼；五言絕句，磬聲也，清深促數，想羈館之朝聞；七言絕句，笛聲也，曲折嘹亮，類羌城之暮吹。

陸春江之受眷

陸春江中丞初官上海縣，任滿以道員召見。孝欽后問曰：「聞人言，汝在上海做官，名聲頗好，洋人交涉，都很得法，到底怎樣對付？」對曰：「臣在上海，遇有洋人交涉，臣不去欺他，卻也不去怕也。」孝欽大悅。嘗告樞臣：「陸元鼎辦事，我可以放心。」由是而監司方伯，不十年而撫三吳。人見其端謹持重，粥粥若無所能，而不知其受眷實有由來矣。

王西莊自掩其貪

王西莊未第時，嘗館富室家。每入宅時，必雙手作摟物狀，人問之，曰：「欲將其財旺氣摟入己懷也。」及仕宦後，秦誘楚誆，多所乾沒。人問之曰：「先生學問富有，而乃貪吝不已，不畏後世之名節乎？」王曰：「貪鄙不過一時之嘲，學問乃千古之業，余自信文名可以傳世。至百年後口碑已沒，而著作常存，吾之道德文章，猶自在也。」故所著書，多慷慨激昂語，蓋自掩其貪也。

祁文端門生問補服

祁文端公在京時，忽一甘肅門生至，怪其無故遠來，姑出見之。所著衣冠甚古，且綴補於袍上。公因問其緣何來此，曰：「因緣例得服知縣品服，未識今所用當否？以鄉中人不能決，思不如入都詢問老師，較為有據。」文端審視之，果七品服也。曰：「是矣。」又問是否綴在袍上，文端忍笑告之曰：「應綴在外套上。」此人謹受命，辭而去。文端念此人以小故遠來，良可念，命僕封四金至旅店饋之，則此人已行矣。若此人者，真可謂太古之民也。

查明回報

德清蔡尚書啟僔，康熙庚戌狀元，公車入都。山陽令某，公同年也，往拜之。名紙既投，令於紙尾制曰：「查明回報。」蔡大怒去。明年及第，書一絕於扇寄之曰：「去年風雪上長安，舉世誰憐范叔寒？寄語山陽賢令尹，查明須向榜頭看。」令大慚，百計修好焉。事見漁洋山人《池北偶談》。後蘇州彭大司空啟豐，雍正丁未大魁，假歸，偶有糧欠，吏以公名申縣，遽差票追納，真書公名，以朱點之。公以詩貽令，有「自從御筆親題後，又被琴堂一點紅」之句，令大窘謝，事頗相類。是二令者，可謂無獨有偶矣。

季、亢二家之富

江南泰興季氏，與山西平陽亢氏，俱以富聞於天下。季自滄葦以御史回籍後，尤稱豪侈。其居繞牆數里，中有複道周巡，健兒執鈴柝者共六十人，月糧以外，每夕犒高郵酒十翁，燒肉三十盤。康熙九年，霖雨連旬，恐黴氣浸涴，命典衣者曝裘於庭，張而擊之，紫貂、青狐、銀鼠、金豹、舍利猻之屬，脫毛積地，厚三寸許。蓄伶甚眾，又有女樂三部，稚齒韶顏，服飾皆值巨萬，開宴賓筵，更番佐酒，珠冠象笏，繡袍錦靴。及笄，或自納，或贈人，而驕憨之態，未能盡除。日至高樁，晨睡方起，即索飲人參、龍眼等湯，梳盥甫畢，已嚮午矣。製食必依精庖為之，乃始下箸。食後，輒按牙歌曲，或吹洞簫一闋。又復理晚妝，尋夜宴。故凡娶季家姬者，絕無聲色之娛，但有伺候之煩，經營之瘁也。有修撰某得其一姬，涕泣廢飧，為弗若其主家廝養，乃遣之。

亢家園在山西平陽城外，中設寶座，蓋康熙時嘗臨幸焉。園大十里，樹石池臺，幽深如畫，婢媵皆作吳中裝束。相傳亢先世得李闖所遺輜重起家。康熙中《長生殿》傳奇新出，命家伶演之，一切器用，費鏹四十餘萬。雍正末，所居火，凡十七晝夜，珍寶一空。今則蕩然無人，園亦鞠為茂草矣。

江艮庭之篆字藥方

蘇州江艮庭先生聲，精小學，善篆書，兼知醫理。性奇癖，嘗為人開藥方，輒書篆字，藥肆每致錯誤，先生怪之。或曰：「藥肆人不識篆字，無怪其誤。」先生恚曰：「不識篆隸，那便開藥肆耶？」迂癖如此，真可謂不達世情者矣。

河工之積弊

南河歲修銀四百五十萬，而決口漫溢不與焉。浙人王權齋熟於外工，謂採買竹木、薪石、麻鐵之屬，與夫在工人役，一切公用，費帑金十之三二，可以保安瀾；十用四三，足以書上考矣。其餘三百萬，除各廳浮銷之外，則供給院道，應酬戚友，饋送京員過客，降至丞簿、千把總、胥吏兵丁，凡是職事於河工者，皆取給焉。

歲修積弊，各有傳授：築堤則削壩增頂，挑河則墊崖貼腮，買料則虛堆假垛。即大吏臨工查驗，奉行故事，勢不能親發其藏。當局者張惶補苴，沿為積習，上下欺蔽，瘠公肥私，而河工不敗不止矣。故清江上下數十里，街市之繁，食貨之富，五方輻輳，肩摩轂擊，曲廊高廈，食客盈門，細穀豐毛，山腴海饌，揚揚然意氣自得。青樓綺閣之中，鬟雲朝氣，眉月夜郎，悲管清瑟，華燭通宵，不知其幾十百家也。梨園麗質，貢媚於後堂；琳宮緇流，抗顏為上客。長袖利屣，颯遝如雲，不自覺其錯雜而不倫也。

某縣丞稟辭

軍興以後，直省候補人多，缺少事稀，貧苦不堪言狀。一日，有縣丞某求見方伯稟辭，號吏曰：「非期也。」不為通報。某曰：「我有公事，不見則今日死於是矣。」號吏大驚，白諸閽者而見之。方伯曰：「君有何事，稟辭將何往？」某曰：「將往陰司。」方伯亦詫曰：「何至於此？」曰：「某自到省伺候大憲者十數年矣，無缺無差，父母凍餓，兒女啼號，除死更無善策。又慮身死而大憲終不見知也，敢辭！」方伯曰：「勿爾，吾且贈君二十金，暫為糊口，以待差事。」越三日，委以優差而去。

記某伶事

某伶者，色藝工絕，游於陝。陝尚秦聲，無解南音者，困甚，無所得衣食。時某部為秦聲冠，不得已投焉。部中人共揶揄之，亦不甚令登場。會撫署宴方伯，某部當值，屬僚咸集。方伯者，平陽中丞也，數折後，厭秦聲，問有能崑曲者否？部中無以應。某伶獨趨進自承曰：「能。」曹長愕然欲止之，則堂上已呼召某伶矣。登堂請命，甫一發聲，平陽色喜，滿座傾耳聽。歌一闋，平陽曰：「止，笛板工尺相左，他樂器亦無一合者，是烏足盡所長？」趨呼藩署家樂和之，使演《掃花》一齣。伶既蓄技久，思欲一逞，又多歷坎坷，憤鬱無所洩，至是乃盡吐之，瀏離頓挫，曲盡其妙。平陽不自覺其神奪而身離於席也。平陽號知音，舉座見傾倒如是，莫不嘖嘖稱羨。曲終，自撫軍以下，纏頭以千計，明日某伶之名噪於長安。部中人承順惟謹，已持平陽書入都，都下貴人爭愛賞之，宴集非某郎不歡，由是名益著。

閱數歲，平陽擢陝撫，冒賑事發，被逮下刑部獄，家產籍沒，眷屬羈滯京邸，衣食不給，終日相對慘怛。忽一蒼頭問訊而至，言主人命致意，已為夫人覓得一安宅。趣呼輿馬送至，則屋宇精美，米薪器用，下至箕帚之類，一一完好，顧不知主人為誰。時平陽已論大辟，繫獄久，生平故舊，無一左右之者。一日晨起，突有人直至繫所，哭拜不能起。視之則某伶，已去其業，居京師作富人，夫人宅即所置也。於是即獄中置酒，復為平陽歌《掃花》齣，甫半闋，平陽大哭，即止不歌，而相對淚下如綆縻。自是朝夕至，視寒暖，調飲食，有甚於孝子之事親者。棄市日，具棺槨厚斂之，送其櫬與妻子歸里，又恤其度日費，度足用乃止。後不知所終，天下惟知己之感，沒世難忘。若平陽者，僅足知某伶耳。「八百孤寒齊下淚，一時回首望崖州。」嗚呼！彼何人哉？

吳卿憐

頃見吳卿憐〈感遇詩〉，詢其始末，不得，第聞卿憐吳人，善歌能詩詞，色藝兼勝。平陽中丞得之，寵倖備至，所云「色即是空空是色，卿須憐我我憐卿。」為吳賦也。平陽既敗，流轉歸和相，和又嬖之，〈感遇詩〉即詠和事。顧其有「馬上王嬙，玉笋敲殘」等語，和雖籍沒，眷屬未嘗流徙。當時薩彬圖承命查辦，請鞫使女，朝廷降旨切責，初無刑及婦女之事。詩述十年中驚魂駭魄，遷徙流離之苦，花悲月慘，涕淚沾衣，意固何所指耶？卿憐屢擅專房寵，不能一死報主，遜墮樓人遠矣。然自古才色絕世之人，遭遇艱難，所歸輒敗，往往而然，薄命耶？禍水耶？天既賦之以麗質，而又使不得其所，抑獨何哉？平陽名位雖不終，既得某伶感恩，又為卿憐知己，嗚呼！死而有知，可以自娛矣。

天下大師墓

京師西山天下大師墓，朱竹垞以為是房山僧塔，後人附會之為建文帝墓也。清初，沈方舟用濟詩云：「曾聞近跡入禪關，身似浮雲到處閒。解到龍蛇潛草野，何年弓劍傍橋山？緇衣那有中官識？御馬誰迎老佛還？一自櫻桃無薦地，肯留青樹在人間！」曰「曾聞」，曰「解道」，曰「那有」，曰「誰迎」，曰「肯留」，皆故作疑詞，以著致身從亡、隨筆等書之偽，真詩史之筆也。方舟又有〈詠思陵〉句云：「一劍割將公主愛，九門報導寺人開。」語極悲壯。

王蘊齋夫人之拘執

北人王蘊齋，曾為兩淮草堰大使，其夫人性拘執，有大可噱者。慕古人相見如賓義，與其夫旦夕相與如外賓酬酢。少生二子，以為男女居室既至穢，且足戕身，年三十即斷欲，與夫對室居。每清晨起，必子婦親侍櫛沐，妝竟，出至中堂。俟夫起，盥洗訖，分庭偕坐，子若婦立伺兩側，僕媼進茗，寒暄數語，子若婦親進早餐，相與對食訖，率子若婦送其夫出庭前治事，及中門而後返。迨晚，其夫治事竣按時入，必率子若婦恭迎於中庭，復偶坐，几上設洋燈二，進茗，子若婦侍如故。相慰勞，進晚餐。食罷，略論家事。及二鼓，乃徐謂其夫曰：「晝日治公，宜請早將息否？」夫必謙謝曰：「時尚早，略談無礙。」少選，乃親啟執燈，送夫至寢室，相對少坐，夫亦起送之歸寢，復少坐，則又親送夫回。子若婦均隨侍焉。略話俄頃，夫力請其歸寢，始率子若婦返室，又訓以家事。久之，乃令子若婦去而後臥。常年如一日。

其夫為鹽官時，已均五十餘，夫以其如是拘執也，苦之，遂以同室居、置少妾、吸阿片三事請聽其擇而許一焉。及籌計再三，僅許以吸阿片，而同室居、置妾，均不願也。初，婦各產一男，即令子與婦異室居，且監之嚴，以為男女配偶原為宗嗣計，既得子矣，而仍同室居，男既有礙於學，女亦有礙於工，不可也。會塚婦歸寧，子同舟而往，少年夫婦，久曠忽逢，因而復妊。及歸，不敢以聞。迨產，又一雄也，始報之知。乃盛怒赴產室，飭婦佻儇，而重辱之。婦不堪其恚，自經死，弗悔也。未幾，次子復送婦歸省，亦於舟次懷妊。鑒於塚婦之難，歸挽親知訴於父，相與合謀，婦將彌月，其夫先密函告其家，設辭迎之歸，俟婦產後而後還。並使人密語其婦，謂姑性如是，縱有挫辱，無介介也。傳者止此，後不知其究竟。

杜生軼事

杜生名衡，字子牧，桐邑世家子。生而頎，廣額，頤頰而下，小削，目瞳清熒，骨爽氣俊。江浙澈俗，紈袴子弟，出必鮮怒錦衣狐裘，舞於車上，童子駢肩而隨，短髮鬖鬖，覆額角，效婦女裝。生見之，輒內愧，肉動豪傑，障面去，惟恐浼。居恒澈衣布履，與諸少年頡頏游，遇貴人則欠抑唯諾，陽嗛不敢言。眾以為是生也，寒酸不上人眼，意輕之，生乃快。或坐客小覺，則拂衣疾趨出，挽之逝矣。

性嗜書，博極典籍，能跳樑於翰墨間，有才子致。客非韻，斥門者不入，入必割炙或瀹茗，縱談天下事。談既酣，輒徹夜不欲寐，往往庭前月落，屋下雞鳴，猶聞鼓琴落子聲，或醉而嘯者。至是四方之客日益至，子牧恢張心胸，厚往薄來，故雜賓亦稍稍得進，而未幾芸娘之事起。

芸娘者，妓女也，以風態擅名，慷慨言笑，自題女俠。與子牧一遇於武林，目成久之，退而執手歎曰：「吾兩人得死所矣。君勝情拔俗，妾亦俠氣籠霄，他日枕骨而葬西河之濱，誓令墓中紫氣，射為長虹。羞作靦腆女兒，下指鴛鴦，上陳雙鵠。」言次嗚咽。眾驚其不詳，而二人之情，乃益膠結不可解。嗣後淹系旬月，無復顧禮，廢輟家政，毀頓精神。家人既刻責之，而諸客中復有具其罪狀，布諸廣眾者。

子牧為兩方所激，若圓石遇阪，轉觸轉下，勢不得不與俱盡。會太守窘芸娘，出辱之庭，子牧忍愧，以身左右翼，多卑詞。太守徘徊不令下鞭，然終不許生以一妓女自詘。判賣芸娘為賈婦。生佯許，而陰使人贋山西賈得之，以藏於別室，俄載而與俱長安。居長安不三月，子牧病肺死。芸娘亦不哭，敕家人裝其喪歸，而以身從。既入舟，忽忽微微歎，間雜吟笑，若無意償生者。至江心，命具浴，浴罷更衣，左手提子牧宣和硯，右手提棋楸，一躍入水，左右驚視不能救。初見髮二三尺許，浮沉旋瀾中，已復颺起紫衣裾半褶，復轉睫間，而芳魂渺然，與洛神為伍矣。

端午橋好為聯語嘲人

端午橋最好為聯語嘲人。其官工部時，同官有趙有倫者，京師富家兒也，目不識丁，以其舅張翼之援，入資為郎，不數年，歷得要差，且充會曲館纂修。常以千錢購一妓歸，大婦妒甚，立驅之出。趙不得已，賃別舍居之。婦知其謀，乃靳趙自由出門，歸少宴，輒詬誶不已，趙甚苦之。一日，與端相遇於署中，端呼與語曰：「菊曾，吾昨日偶作一聯一額，君試為吾評騭之。」聯云：「一味逞豪華，若非暗地弓長，未許人稱富有；千金買佳器，除是明天弦斷，方教我去敦倫。」額曰「大宋千古」。趙極口稱讚不已，出遇人，猶為人述之，似自詡其通文者。人匿笑之，弗顧也。

靈石何潤夫乃瑩，庚子歲官副憲，以拳匪頭目革職。戊戌八股之復，何所奏也。何本庚辰庶常，散館改部，簽分工曹。夫人某氏，閨威甚厲，以何失翰林，怒甚，何長跪以謝，乃得釋。既入工部，贄百金往拜滿尚書某為師。某嫌其菲也，怒斥之。端為撰一聯曰：「百兩送朱提，狗尾乞憐，莫怪人嫌分潤少；三年成白頂，蛾眉構釁，翻令我作丈夫難。」額曰「何苦乃爾」。又「妻為翠喜乾姑嫂，兒是朱綸表弟兄」之聯，亦端所撰也。

何故山右世家，而生平恥為晉人，常自詭為江蘇人，與人言，必操蘇語。一日在某處宴會，座有蘇人某就詢籍貫，何答曰：「江蘇。」某欣然曰：「同鄉也。」詢至蒲州楊編修天麟，楊應聲曰：「吾與何前輩同籍。」某曰：「然則亦同鄉也。」楊搖首曰：「不然，吾本老西，何前輩亦老西，渠不願居老西之名，故每冒貴省人耳。實則渠足跡未嘗至大江以南也。」何愧甚，面頸俱赬，然又無可置辯，亟匆匆上車遁去。

戊戌政變後，端亦極自危，賴進〈勸善歌〉得免，且獲擢陝臬，其事人人知之。端尚有一詩，亦詠此事，詩云：「誤矣公羊學，危哉死鹿音。側聞誅正卯，誰實縱僉壬。智識羞葵足，劬勞感棘心。朝廷故可改，寇盜漫相侵。」人稱其屬對之工。然音字去聲，係蔭之通假字，詩作平聲用，不惟失粘，且出韻矣。

吳白華之賭飯

乾隆時，吳白華侍郎素善飯，有宗室某將軍，亦善飯，與齊名。一日侍郎謂將軍曰：「夙仰將軍之腹，量可以兼人。若某者，雖非經笥之便便，至於酒囊飯袋，略有微長，但不知孰為優劣耳，請一決勝負如何？」將軍笑應之。侍郎命左右持籌侍側，每啖一碗，則授一籌，飯罷數之，將軍得三十二籌，侍郎得二十四籌。侍郎不服，約明日再賭。將軍笑曰：「敗軍之將，尚敢哉乎？」侍郎曰：「明日與君白戰，不許持寸鐵，只設飯而無肴，若再不勝，願拜麾下。」於是復計籌而食。將軍食至三十碗而止，侍郎竟得三十六籌。

陳建升都督義馬記

道光辛丑，英兵寇廣州，都督陳建升戰死於沙角炮臺。坐下馬為英軍所得，飼之不食。棄之，悲鳴而死。三水歐陽雙南為賦〈義馬行〉云：「有馬有馬，公忠馬忠。公心唯國，馬心唯公。公殲群醜，馬助公鬥。群醜傷公，馬馱公走。馬悲馬悲，公死安歸？公死無歸，馬守公屍。賊牽馬怒，賊飼馬吐。賊騎馬拒，賊棄馬舞。公死留銙，馬死留髁。死所死所，一公一馬。」今之人腆然衣冠，而甘為紫髯碧眼之奴隸者，愧此馬多矣。

板橋圖章

板橋圖章，皆出沈凡民鳳高、西園鳳翰之手，如「板橋道人」，如「十年縣令」，如「雪浪齋」，如「鄭大」，如「爽鳩氏之官」，如「所南翁後」，如「心血為爐，溶鑄古今」，如「然藜閣」，如「所好在六經」，如「畏人嫌我真如恨，不得填滿了普饑債」，如「直心道場」，如「思貽父母令名」，如「乾隆東封書畫史」，如「濰夷長」，如「鷓鴣」，如「無數青山拜草廬」，如「私心有所不盡鄙陋」，如「揚州興化天」，如「燮何力之有焉」，如「樗散」，如「以天得古」，如「老畫師」，如「敢徵蘭乎」，如「七品官耳」，皆切姓、切地、切官、切事。又有云：「康熙秀才」、「雍正舉人」、「乾隆進士」，亦別開生面。近見某太史仿其意刻一章云：「院試第一」、「鄉試第二」、「殿試第三」，則不特牽強湊合，且競然惟以科名為榮，益覺俗不可耐矣。

吳大嫖再住九天廟

皋蘭吳柳堂侍御，少時頗倜儻，好狎邪遊，不修邊幅。初，計偕入都，日遨遊北里中。會試被擯，乃留京候再試，實則戀某妓，不忍言別也。數月後，資漸罄，其座師某公，勸使出城，僦居九天廟，謂地僻遠城市，可一意讀書也。侍御從其言，袱被往。甫三宿，鬱鬱不自得。俄然起曰：「人生實難，何自苦如是！」即日入城，仍宿其妓所。久之，金已盡，妓亦稍不禮之，漸至衣食不給。鄉人士始資以金，而要以仍居九天廟，否則不與金。侍御不得已，始怏怏去。都下人皆呼侍御為「吳大嫖」。

初京師鞠部，向推四喜三慶，咸豐中葉，四喜漸不振，諸伶謀散去。余三勝自江南歸，乃悉橐中金重新之，都人為撰聯曰：「余三勝重興四喜班。」而難其對，至是或曰：「得之矣！」則「吳大嫖再住九天廟」也。

歸奇顧怪

清初崑山歸莊，與亭林齊名，時有「歸奇顧怪」之目。後華亭陸鳴為工畫，與同里嚴載齊名，亦稱「陸癡嚴怪」。蓋士大夫浮沉里閈，其制行稍岸異者，未有不使流俗人魚瞵鶚睨者也。

孫奇逢

容城孫奇逢，講學夏峰，四方才俊，留門下請業者，廊廡為滿。湯文正以監司乞養歸，方授徒梁宋間，聞孫名，造門問道，執弟子禮甚恭，讀書十年復出。篤志謙光，非可望之今世士大夫也。

士大夫之踵事增華

京朝士大夫輿服之侈，踵事增華，有加靡已。庚子以前，什九皆雇車，貧者則徒步入署。今則無不自養車者，且車前無不有引騎者，而各部丞參及紅司官，殆無不車馬矣。昔道、咸時，雖兩書房翰林，亦止一車，僕人跨轅以從，未常獨騎。涇陽張文毅在南書房供奉，典試江南歸，謁王文恪於同寓。文恪送之出，至門外，一俊僕牽健騾侍車旁。詫曰：「君何處得此俊物？」文毅對曰：「江督某公所饋耳。」文恪太息曰：「少年狂妄！」不顧而入。文毅愧汗木立，移時始登車去。

閻文介由東撫乞休，僑居運城，其中表弟李某，故富家，以鹽官需次河東。一日往見文介，適以三百金購一騾，令其僕騎之以從。文介送至門，驚問曰：「君駕車之騾，以若干金購之乎？」對曰：「二百金。」文介駭然曰：「君何昏瞶至此，乃以二百金買一聾騾。」某力辨非聾，文介徐曰：「審非聾者，車前何須又用一騾導之耶？」拊掌大笑而入。

湯文正之潔己奉公

湯文正公斌撫吳蒞任時，夫人、公子皆布衣，行李蕭然如寒士，日給惟菜韭。公一日閱簿，見某日市雙雞，愕問曰：「吾至此未嘗食雞，誰市此者？」僕以公子對。公怒，立召公子責之曰：「汝謂蘇州雞賤於河南耶？汝思啖雞，便可歸去。世無有士不能咬菜根，而能作百事者。」並笞其僕而遣之。

又公撫吳時，有司報湖蕩有蓮芡，公駁還。吏固以例請，公曰：「例自人作，寬一分則民受一分之惠。且蓮芡或不歲熟，一報部，即為永額。欲去之，得乎？」常熟某氏奴，訐告其主國初時得隆武偽札，迫主運遁，欲據其主母。公曰：「國家屢更大赦，此草昧事，何足問，而逆奴乃以脅其主乎？」焚其札，斃奴於杖下，中外快之。近時頗有人詆文正諸人為偽學者，使士大夫人人如湯之潔己奉公，又何致天下事不可收拾哉？

記雛伶楊花事

楊花，長安伶也。年十四時，江右孝廉徐某，以大挑試用長安，一見目成，以三百金售焉。適年教匪起，徐捧檄催趲糧運，楊花能左右之。畜青騾一，日行三百餘里，常乘以從。丁巳寇亂方熾，徐催運至郃陽驛，猝遇高均德股匪。楊乃教徐偽作賊探馬狀，持箭乘青騾逸去。楊乃下馬往館舍，賊目有識之者，謂楊掌班聞已跟宮，何忽在此，答曰：「吾代主催餉，俟此數日矣。」賊目顧其黨曰：「聆其言，似餉尚未來，且遇舊知，今晚當留此。」即置酒聚飲，令楊歌曲。楊略不抗拒，盡獻所長，且流目送媚以醉賊目。度已沉酣，猝掣賊佩刀刺之，應手而中。賊黨驚，群起刃之。賊亦敗興，逡巡委去。居人重其義，築士葬之，拊碣曰：「義伶楊花救主處。」孟九我廷烺曾為作記，並寫《楊花救主圖》。

雲間許元仲作長歌記之曰：「詩人孟浩然，示我楊花傳。為寫《楊花救主圖》，貞心俠骨千秋見。每從花底說秦宮，墓底青油變態工。自向梨園傳豔節，不教斷袖沒英雄。楊花舊隸華林部，小隊梁州按歌舞。垂楊婀娜不禁風，落花飄泊還無主。破鏡徐郎意氣豪，量珠攜得鄭櫻桃。當筵獨譜秦風壯，倚帳同看塞日高。一朝忽唱從軍樂，細馬馱來增綽約。射虎晨隨繡纛馳，飛鳴暮逐金丸落。那知記室走孤城，正值風高夜劫營。子弟八千人散盡，眼前惟見賊縱橫。可憐生小嬌無力，手挽徐郎出荒驛。牽到青騾讓主騎，幸郎得免儂何惜。戰場生縛獻訶摩，千隊僂儸一笑嘩。滿面怨愁雙雨淚，爭教掩得貌如花。

軒眉嗔目呼狂賊，身墜片泥心白璧。只願魂依厲鬼碓，久拚血化萇宏碧。歎魚無情渭水寒，吊花鴛塚淚闌干。憐他捍刃真情種，殉主還輸脫主難。君不見如荼如火軍千屯，望塵拜寇何殷勤！國殤獨有汪錡在，一片楊花氣薄雲。」

梅巧玲軼事

梅巧玲字麗芬，貌極豐豔。演青衫花旦，皆極盡能事。工漢隸，略能詩畫。咸豐末，有某太史者，故世家子，以揮霍傾其資，極眷巧玲。嘗負巧玲債二千金，未能償，以病卒僧寺中。其同鄉某君者，為折柬召諸鄉人，集殯所，謀集資送其喪。諸鄉人各道貧苦，無肯先下筆者。日晡，所集不及百金，某君舌幾敝矣。忽門者報巧玲至，諸人相顧愕眙曰；「是殆為索逋來歟？彼若見吾輩醵資狀，或即向吾輩索取，可若何？」言未竟，巧玲已素服入，哭盡哀。移時，始輟涕向諸人曰：「太史生前，嘗負我二千金，今既亡矣，母老子幼，吾尚忍言舊債耶？」即出券懷中，向柩前一揖，就燭焚之。徐又出一紙授某君曰：「聞太史喪歸尚無資，謹賻金二百，為執紼之助。恨所操業賤，未能從豐，以報知己耳。」語畢，試淚而去。諸人者，乃相顧無人色。巧玲卒於光緒辛巳、壬午間，生平以姓梅，故酷嗜梅，葬於京東某村。墓上樹梅三百株，其遺命也。巧玲少子肖芬，亦工畫蘭，今都下諸伶，色藝以梅蘭芳為冠，即肖芬子也。

道光甲申高家埝河決案

道光甲申十一月大風霾，致高家埝十三堡潰決，洪澤湖全行傾注，淮陽二郡，幾成魚鱉。宣宗震怒，特派大學士汪廷珍、尚書文學至江南查辦。乙酉正月，星節甫臨，萬柳園者，清江浦北岸之郵亭也，凡南北往來大官，皆於其地請聖安。是日自總督、漕督、河督及合屬文武百餘員畢集，旗蓋車馬，街衢為之填咽，諸大府於轅門外坐胡床以俟。少選，先見一材官飛騎至，朗呼曰：「中堂請漕督魏大人請聖安。」惟此一語，而江督孫安圃相國、河督張蓮舫司空皆知褫職矣。

相國即呼清河縣某至，詢曰：「各事預備乎？」蓋其時震怒不測，凡桎梏銀鐺刑具，皆不可少也。司空家丁，以空梁帽及元青褂獻，相國遽止之曰：「姑稍俟。」未幾，兩星使入行館，漕督入請聖安畢，暫退。旋呼三人聽宣諭旨，隨帶司員四人，自中門出。手捧朱諭於香案前，雁行列，三督皆跪。司員居首者，持諭旨，朗宣至「孫玉庭辜恩溺職，罪無可逭」下即止。復徐徐曰：「皇上問孫玉庭知罪不知罪？」相國乃免冠連叩，敬答曰：「孫玉庭昏憒糊塗，辜負天恩，惟求從重治罪。」語畢，又連叩崩角。始傳諭著革去大學士、兩江總督，再候諭旨。

兩江總督著魏元煜署理，漕督乃九頓謝恩。再傳諭：「張文浩剛愎自用，不聽人言，誤國殃民，厥咎尤重。皇上問張文浩知罪不知罪？」河督時已易冠服，乃伏地痛哭，自稱罪應萬死，求皇上立正典刑。續又宣曰：「上諭張文浩，著革職，先行枷號兩個月，聽候嚴訊。」遂呼清和縣取枷至。枷乃薄板所製，方廣尺餘，以黃綢封裹，荷於河督頸，擁之而去。是時內外官民，觀者萬人，莫不悚懼。復傳道廳營各官羅跪庭中，傳旨後，又云：「欽差臨行，面奉聖諭：自古刑不上大夫。張文浩至河督，而特令枷號河干者，實因民命至重。設官本以衛民，今乃蕩析離居，實為朝廷之辱，是以特予嚴譴，乃為慎重民命起見。凡淮陽士民，其皆仰悉上意。」云云。

汪文二星使既覆命，諭令張文浩發往伊犁。當起解時，亦一大觀也。時江督為琦善，河督為嚴烺，皆集於制府行轅，張荷校囚服引至大堂，宣旨後，疏枷謝恩畢，二督乃邀張入內，餞其行，固讓始入，酒三行即出。二督各呼己所乘輿送張，張固辭，二督乃互換張臂，揮淚慰之。並告以出行後，當代養老父，張痛哭跪謝。仍呼小竹輿由旁門入，步行欲出，兩督亟止之。乃飭閉側門，促輿由中門鼓吹出。兩督皆至萬柳園，伺張登舟，良久不至。旋報以由僻路渡黃矣。兩督乃至張宅中，請其封翁出，慰勉再四始去。不旬月致贐萬金，送其家回浙。嚴、張本舊友，琦則與張僅泛交，且素有刻核名，而死生患難之際，獨慷慨如此。蓋當時清議極重，而冷暖之際，好名者多。雖非出自本心，尚有友朋局面在，所謂告朔之餼羊也。由今思昔，可勝慨哉！

羅臺山逃儒入墨

讀惲子居《大雲山房集．臺山外傳》云：「臺山少好技擊，兼治兵家言，嗣學於贛鄧元昌，修儒者之業。於書無所不窺，精思入微，遂喜佛法。自京師歸，忽登樓縱火自焚，救之得不死，遂狂走入山，服沙門服，不下髮，趺坐與人言孝弟，而歌泣無時。下揚子，渡錢塘，過甬東，多托跡佛寺中。奉化快手怪其服，令儕輩纂臺山。臺山徒手禦之，不可近。因詣縣，趺坐縣庭為禪語。同年生主事邵君洪時家居，識臺山，乃釋之。遂遊普陀，寓西湖，已復走京師，乃歸而卒。」惲氏此文，似臺山之入墨，亦似有托而逃。譬如病榻呻吟，聊自緩其痛苦，否則何所為而甘棄其飲酒食肉之身，昏瞀叫號，靡所脅驅，而遽自淪溺耶？

士大夫之諂媚　三則

（一）

乾隆間，某太史諂事豪貴，其妻某氏，始拜金壇於相國妾為母。嗣相國勢衰，又往錢塘梁階平尚書家，拜梁為義父，蹤跡昵密。時相傳冬月嚴寒，梁早朝，某妻輒先取朝珠，溫諸胸中，親為懸掛。自來諂臣媚妾，悅人惟恐不工，至為婢妾娼妓之所不為，而未有甚於此者也。

（二）

又聞某妻拜梁為義父時，執贄登堂，拜畢，出懷中珊瑚念珠，雙手奉之。梁面發赤，疾趨而走。某妻持念珠，追至廳事，圜繫其頸。時坐上客滿，皆大驚失措。越日，有人題詩於門外云：「才從於第拜乾娘，今拜乾爺又姓梁。熱鬧門牆新戶部，淒涼庭院舊中堂。翁如有意應憐妾，奴豈無顏只為郎。百八念珠情意重，臨風幾陣乳花香。」

（三）

又道光朝一翰林，夙出濰縣陳官俊門下。陳喪偶，翰林為文以祭之，有「喪我師母，如喪我妣」之句。翰林妻又嘗為許乃普之義女，有詆之者，集成語作聯，揭之門外云：「昔歲入陳，寢苦枕塊；昭茲來許，抱衾與裯。」二事略同。一詩一聯，皆為言官登白簡，至今有餘臭焉。

輿中揭帖

同治中，某公附肅順，得湖南巡撫。既至，惡紳與官事，某盡去之。凡駱秉章、左宗棠所有官紳，皆拔提督過。於時湖南諸將，方經營江浙，為天下倚重。聞某所為，則大怒。巡撫所劾，皆奏調赴軍，且日求某陰事，將共奏之。會巡撫以國喪娶民女，為屬吏所訟，乃大窘。更詣諸紳謝，任以事，又加禮焉。

是歲鄉試，主考官得揭帖於輿中，詞甚工麗。有句云：「當其始，真除由墨敕，初無寶璽緘封；迨其後，半路趕私書，遂使奸徒漏網。慕南園之火熱，甘列門牆；見東廠之煙銷，又誇氣節。朝秦暮楚，妾婦亦覺羞顏；鼠伏蛇行，衣冠為之短氣。是即改行於調停之日，潛身於傀儡之場，已屬無補前愆，難逃清議，乃敢作威由己，徑參三品監司；揀缺調人，只顧一鄉親友。驗裁縫之針跡，妄用鞭笞；減卒伍之餉糈，發修城堞。即而簽判之狂言恐嚇，畏其威而鈐閣增兵；鐵工之券契強收，迫於勢而圜扉謝罪。西曹對簿，枯淑女之雙波；東市吞聲，愧先皇於九地。人但見其犯色荒之戒，而自速其辜，吾則謂其有無君之心，而後動於惡。」

諸襄七之古拙

諸襄七先生錦，學問淹貫，而性古拙。當典試福建，巡撫饋正副考官瓜各五十，而先生之瓜少送一枚。先生大怒，請巡撫面問之。巡撫曰：「此係誤數，即當再送。」先生益大怒曰：「我豈為一瓜爭乎？膰肉不至，而孔子行；醴酒不設，而穆生去。瓜雖微，亦可見禮意之衰也。」一時傳為笑談。

記長麟相國軼事

長麟相國巡撫浙江時，聞仁和令某有貪墨聲，乃微行訪察之。一夕遇令於途，直衝其鹵簿而過。隸役方呵叱，令識為公，急降輿謝罪。公問何適，以夜巡對。公哂曰：「時僅二鼓，出巡無乃太早？且夜巡所以詰奸，今汝盛陳儀衛，奸人方引避不暇，何巡察為？無已，其從吾行乎？」乃悉屏從人，笑談徐步，過一酒肆，曰：「得無勞乎？與子且沽飲。」遂入據坐，問酒家邇來得利如何？對曰：「利甚微，重以官司科派，動多虧本。」公曰：「汝一細民，科派何以及汝？」酒家頻蹙曰：「父母官愛財若命，又不論茶坊酒肆，每月悉徵常例。蠹役假虎威，且取盈焉，小民何以聊生？」因歷述令之害民者十餘事，不知即座上客也。

公曰：「據汝言，上官猶無覺察乎？」曰：「新巡撫聞頗愛民，然初到，一時何能俱悉，小民亦胡敢越訴？」公略飲數杯，付酒錢出，笑語令曰：「小人言多已甚，我不輕聽，汝亦勿怒也。」行數十武，忽曰：「此時正好巡夜，盍分道行？」令去，公復返，至酒家叩門求宿，對以非寓客處。公曰：「固知之，我此來非為求宿，特為護汝來耳。」酒家異其言，留之。夜半有剝啄聲甚厲，啟視，則里胥縣役，持朱簽洶洶來拘賣酒者。公出應曰：「我店東也。有犯我自當，與某無涉。」胥役固不識公，叱之曰：「本官指名拘某，汝胡為者？」公強與俱至署。令即升堂，首喚酒家。公以氈笠蒙首，並綰登堂。令一見大駭，免冠叩首。公升座，索其印去，曰：「省得一員摘印官也。」

顧秋碧之迂癖

江寧顧秋碧先生，為錢竹汀高弟，學問淵博，著作甚多。其所著《補後漢書．藝文志》，卷帙甚富。趙撝叔刻入叢書中者，乃節本也。性迂癖，嘗自題其門曰：「得過且過日子，半通不通秀才。」其風趣可想。生有異稟，體氣過人，每夕必御婦人。指爪甚有力，可以排牆。懷奇不遇，卒客死於清河之海神廟中。

某老翁負債詩

吾邑某老翁，生平多負欠，乃子乃孫，殆有甚焉。翁嘗詠〈欠債祖師三首〉以解嘲，其詩曰：「自從出世債纏身，舊欠才償又轉新。恰喜兒曹尤勝我，堪稱欠債老鄉紳。」「如今當道有良圖，國債堪將危局扶。怪煞區區先欠債，收來如許令高徒。」「思量欠債最難過，國債如何不怕多。我債卻無田產抵，想來國債有山河。」以詼諧之筆，寓譏刺之意，冷雋可誦。

曾文正與王壯武芥蒂

曾文正與王壯武素有芥蒂。壯武之死也，其父自撰聯換之曰：「不死於賊，必死於小人，今而後吾知免矣；雖竟其才，未竟其大志，已焉哉天實為之。」所謂小人者，蓋有所指也。

宋牧仲才能應變

商丘宋牧仲撫江蘇時，專以提倡風雅為事。有人以撫署外兩轅門署額「澄清海甸，保障東南」八字，衍為聯句嘲之云：「澄清海甸滄浪水，保障東南伯虎墳。」似其治行無甚足傳，不知其才能應變，亦有度越尋常者。當公撫江西，未蒞任，值楚中夏色子變起。賊氛逼近，即兼程馳赴，申軍令，嚴守禦，民心少定，而富室尚有遷移者。或禁止之，公不可，曰：「禁之人將以我為怯，百姓且散走矣。」幕下士請去，公又不可，曰：「人恃撫軍耳，撫署人出，則人心散。果欲去，吾即以軍法從事！」時江右亦有裁兵三千，期朔日諸官集撫署，殺以應楚。公先期密擒為首者二人，就轅門震爆斬之，張文告數十紙，示以渠魁已殲，脅從散者不治。

是日薄暮，城門吏報，無籍之潛出者二千餘人，亂遂定。方訊斬賊首時，賊指總兵之奴曰：「是亦吾黨也。」公急命批頰。異日密語總兵去其奴，總兵憤曰：「公真為我通賊耶？」公曰：「豈有是哉？日者，賊甫啟口，而奴立君後，佩刀已出鞘數寸。吾即命笞賊，奴乃納刀，不然，事正不可知之數，君特未之見耳。」總兵乃大感服，其彌患於無形若此。

孫豹人先生之軼事

關中孫豹人先生枝蔚，舉鴻博時，迫於有司，輿疾入都。諸待試者多務研練為詞賦，先生獨泛覽他書。或詢之，則曰：「吾僑居廣陵，數十口饔飧待我，使我官京師，不令舉家餓死乎？」已入試不中，良喜。會詔諸布衣處士，有文學素著，老不任職者，其授京銜以寵其行。於是及格者數人，而先生與焉。其將以年授官也，吏部集驗於庭，主爵者望見先生鬚髮皆白，引之使前，曰：「若老矣。」先生直對曰：「未也，我年四十即若此。且我前以老求免試，公必以為壯。今我不欲以老得官，公又以為老，何也？」眾皆目笑。時施愚山〈送先生歸揚州序〉有云：「非崇儒敬老，無以示朝廷之恩；非引分守窮，無以見巖穴之志。」按愚山讚語，從范文正公〈嚴先生祠堂記〉末段脫胎而出，在當時亦頗得體。

范道人

范道人者，德州人，居衛河西琵琶村。生於明嘉靖三十年辛亥，程正夫以康熙庚戌見之，年一百二十歲矣。起居如平時，五官之用，未嘗少衰。平生不知服食修養之術，少貧不妻，事母最孝謹。鼎革後，入九子祠為香火道人。祠有祭田數畝，躬耕而食，與人無忤。正夫贈以詩云：「頗聞愛日依慈母，直數生年到肅王。業仿逍遙游廣莫，身餘渾沌屬中央。」

郭紹儀悟坎離之義

郭紹儀字丹葵，平湖人，明御史也。嘗雪夜讀書，地湧汞盈尺許，因悟坎離之義。又嘗飲酒肆，見一人古貌倏然，遍身絲縷如牛毛，紅類丹砂。異之，就與語，自言是靖難時人，遂從受養生之術。鼎革後卒，年八十四。

都門八古跡

乾嘉間，詩人多賦都門八古跡：一為法源寺磚塔，相傳安祿山、史思明建。一為太醫院銅人，在署內藥王廟，作於宋天聖時，世謂從海湧出，非也。一為報國寺窯變觀音像，高尺餘，寶冠綠帔，手捧梵字輪。一為潭柘寺妙嚴公主拜磚。公主元始祖女，削髮居寺中，持觀音文禮大士，拜痕入磚，額手足五體皆具，歲久磚壞，獨留兩足痕。明萬曆壬辰孝定太后，匣取入覽藏之。一為覺生寺大鐘，明永樂間鑄，萬曆間從經廠移置萬壽寺，乾隆八年移覺生寺。一為崇國寺姚少師影堂，露頂袈裟趺坐。一為慈壽九蓮菩薩像。九蓮菩薩，明孝定皇后夢中授經者也，覺而一字不遺，因作慈壽寺，建九蓮閣，塑菩薩像，跨一鳳而九首。相傳菩薩為孝定前身。又長椿寺有黃綾紫軸，繪九朵蓮花，題曰九蓮菩薩之位，即孝定也。一為刑部楊忠愍公手植榆，在北所。

張石州以狂放見擯

平定張石州先生，淵博無涯，世以東京崔蔡目之，然狂放使氣。道光己亥應順天鄉試，攜瓶酒入，監搜者，呵曰：「去酒！」石州輒飲盡而揮棄其餘瀝。監者怒，命悉索之，破筆硯，毀衣被，無所得。石州捫腹曰：「是中便便經笥，若輩豈能搜耶！」監者益忿。乃摭筆囊中片紙，有字一行，誣曰：「此懷挾也。」送刑部。讞白其枉，然竟坐擯斥。

邵潛夫

邵潛夫，通州人，明萬曆間，已以詩歌名江表。康熙初年八十餘矣，家貧，苦徭役。值漁洋司李揚州，按部抵境，首謁邵。邵所居委巷，乃屏輿從，徒步而入。邵曰：「適有酒一斗，能飲乎？」漁洋欣然為引滿，流連移晷始別。有司聞之，立除其役。

劉石庵之軼事

劉石庵立朝謇諤，風骨棱嶒。王惕甫《淵雅堂集》有句云：「詩人老去鶯鶯在，甲秀題簽見吉光。」自注：石庵相國有愛姬王，能學公書，筆跡幾亂真。惕甫蓋嘗見姬為公題甲秀堂法帖籤子也。耆英宿學，偶露風懷，正見理學名儒，其正性情去人不遠。

尹文端之虛己納言

尹相國文端公繼善，虛己納言。封疆數十年，每有張弛，必集僚屬謂曰：「我意如是，有不可，諸君必駁我。我若能說，則再駁，萬無可駁而後行。勿以總督語遷就也。」世宗皇帝嘗謂公曰：「汝知督撫中有宜學者乎？李衛、鄂爾泰、田文鏡是矣。」公奏曰：「李衛，臣學其勇，不學其粗；田文鏡，臣學其勤，不學其刻；鄂爾泰，宜學處多，然臣亦不學其愎也。」上以為善。其督兩湖，嘗一月間兼將軍、提督、巡撫、河漕鹽政、上下兩江學政等官，九印彪列。又嘗充丙戌會試總裁，先一年而降旨，皆異數也。

孔東塘得漢玉羌笛及唐製胡琴

孔尚任東塘，精於音律，嘗得漢玉羌笛，唐製胡琴各一枚，形制古雅。自為跋刊之云：「康熙壬申官京師，獲玉笛，吹孔之下，止具三孔，世無識者。考之馬融〈笛賦〉，稱笛出於羌，舊四孔，京房加一孔於後，以備五音。所云四孔者，乃連吹孔數之，其底原有洞孔，故加一孔而五音備焉。後之長笛，又加二孔，以應七律。許慎《說文》注：笛七孔，筩羌笛三孔是也。其曲有〈落梅花〉、〈折楊柳〉，古愛其曲，多為玉笛吹之。此笛色如柳花，蓋古之紺黃玉也。雙鉤碾製，肖形竹節，頂節二寸，中節八寸，尾節五寸，較以漢尺，分毫不爽。應劭《風俗通》載漢武帝時，丘仲作笛，長尺四寸。今長尺五寸，且無後孔，當在深之初年矣。噫，古器存而古音莫解。笛之三孔，亦猶文字之一畫也，與胡琴本北方馬上樂，亦謂之二弦琵琶，蓋琵琶所托始也。《南部新書》載唐韓晉公滉入蜀，伐奇樹，堅致如紫石。匠曰：『為胡琴槽，他木不能並。』遂為二胡琴，曰大忽雷，小忽雷。後獻德皇。《樂府雜錄》

云：『文宗兩朝，忽雷猶在內庫。內侍鄭中丞特善之，訓注之亂，始落民間。』康熙辛未予得自燕市，蓋其小者。質理之精，可放良玉，雕鏤之巧，疑出鬼工，今八百餘年矣。頻經喪亂，此器徒存，而已無習之之人。俗藝且然，傷哉！」

戴舍人善於解紛

乾隆中錢籜石宗伯，素不喜戴東原太史。一日同鄉會飲，有言次及戴者，宗伯力排之。言者往返辯論，宗伯排之愈力，且謂詆斥前輩，無後進禮，言者不能爭。數日復會，言及杭堇浦太史，宗伯亦言其非，前言者在坐，又與之爭，宗伯不服。時戴忍奈觀察姚成為中書舍人，居席末，宗伯以其言質之。戴遜謝曰：「先生評騭人物，非小子所敢知，第有一語不解。」宗伯驚問何不解？戴曰：「前日聞先生云：『東原排斥前輩為無禮』，然則前輩不可非也。今堇浦先生非先生之前輩乎？於此而非之，是以不解也。」宗伯爽然揖戴曰：「君言是。」曰：「教我多矣。」由是不復詆戴。一時服舍人善於解紛，而亦多宗伯能自屈也。

卷下

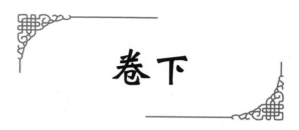

年大將軍延師

年大將軍威震內廷，勢傾中外，庶司百僚，莫不拱手聽命。適其幼子需師教讀，與公卿言及，眾皆唯唯。時有江南沈孝廉，因不第流寓都中，覓館糊口，已托其座師某侍郎，允為推薦。冬至朝賀之期，百官咸集，大將軍復理前言，某侍郎即舉沈生以應。大將軍曰：「為童子師以品行為要，俾幼而習見師範，則長可觀矣。此生端方否？」侍郎對以有儒者氣象，大將軍欣然許可。侍郎歸，召沈生囑令小心謹慎，不僅安硯有方，若得大將軍清目，則功名未可限量也。沈感謝而退。

新正，大將軍遣從官以名柬邀沈生至第，大將軍躬迎於堂，專席南向。命公子盛服拜師畢，大開筵宴，聲伎雜奏，賓主盡歡而止。送先生入西園，書室三楹，峰巒周匝，林木青蒼。室內書籍充盈，陳設精雅。公子年甫六齡，不過指教數字而已。其供奔走者，蒼頭四人，俊童八人。晚入臥室，牙床絳帳，繡褥錦衾，並皆佳妙。

次日，蒼頭帶長髯者至，約視沈生體段趨出，未幾進貂裘全襲，服之，長短適宜。每日晨興，則八童齊侍。其一首頂銀盆，跪而請盥，一執具漱，一執巾帕，一則鏡奩，一執香皂，餘皆撩衣攝裳，環伺左右。沈生平所未經者，意甚不安，諭之曰：「其以盥盆置架上，恐沾爾等衣也。」童曰：「某等受大將軍命，曰：『事師如事予。』大將軍盥沐皆如是也，敢不勉效執事，以速重愆。」沈曰：「我所命，與爾無礙。」一童不敢違，以梓楠雕架承之。沈正沐，大將軍至，見童不頂盆，怒目視之，向隨帶護衛一顛首，護衛喻意，帶指童出。未幾，獻首階前曰：「某童不敬先生，已斬之矣。」沈大驚駭。視大將軍色轉和，心始安。

大將軍喜古玩，每得禹鼎、湯盤之屬，與沈共賞鑒，沈若讚歎，則曰：「先生欲之，留此為玩。」雖千金所得者，未嘗顧惜。一日，大將軍來與沈共膳，飯中有完穀，沈出之。大將軍見，回首示護衛意，護衛去，未幾，獻首階前，曰：「庖人揀米不淨，已斬之矣。」沈不勝驚愕。視大將軍談笑自若，不得不勉強承歡。

逾月，沈憶家中所需，欲支脩金，與蒼頭商之。蒼頭曰：「需若干，請作書呈大將軍。」沈請數十金，連家書送去，蒼頭回曰：「已如命寄江南矣。」未幾，大將軍奉旨征西夷，來辭沈曰：「先生之品學，予所敬佩。今予承命西征，未稔何年蕆事，敬以幼子屬先生，有不率教者督責之，勿棄之而去。予旋師之日，當有以報先生也。」沈唯唯。大將軍去後，沈欲出訪友，閽者拒曰：「府中出入，皆有載籍，按月錄報。大將軍在時，先生足不出戶，今忽有是，恐貽奴輩性命之憂，可已則已，乞哀憐之。」沈知大將軍家法嚴，遂不果出。

次年應會試，亦為閽者哀祈而止。沈憤欲告歸，又不敢拂大將軍命。所幸四季衣服，屢為更新，而小衣十日一新。至肴饌，則翻新出奇，總無恒品，不第豐腆而已。若悶時，蒼頭望見顏色，即傳府中男女名優，赴園演劇，為先生排遣，則又樂而安之。荏苒三年，屢有信致家中，未得一回書，深以父母妻子為念。委婉致意大將軍，得大將軍還書，意甚款洽，言亦謙退，惟云：「予報捷在邇，請先生姑俟晤商可也。」

又半載，大將軍獻俘還闕，聖駕郊迎。公事畢，入視先生，歡然道故，並謝勤勞之意，沈未敢驟辭。一日登假山閒步，忽聞哀痛之聲，問童曰：「此聲何來？」童曰：「大將軍凱旋後，在廳事考功過，定賞罰耳。」沈曰：「得窺探否？」童不敢違，引之往，潛伏廳後視。見大將軍高坐，庭下甲士森列，所執刀斧之光耀目，兩旁司官按籍論功過。其功多者，立易以應升之品服，酌酒賜坐；其過多者，大將軍面數之曰：「某戰，汝失機宜，某事，承辦不力，應斬。」任其哀吁不顧也。護衛即洗剝其衣，推出門外，砍首以獻。惟是大將軍嚴刻，罰多賞少，悲嚎不絕。沈觀之慘甚，不覺首觸門屏而倒。大將軍微聞之。事畢，退視廳後，見先生倒臥於地，數童扶之不起。大將軍親挽之入室，慰令安臥，喚僕速取安神丸，以參湯服之。從容問曰：「誰告先生，俾驚怯也？」沈思大將軍威嚴，不敢實告。因徐曰：「聞公子之言。」以其愛子之心，則無所責罰。

大將軍唯去，忽有僕婦愴惶入室，跪告曰：「公子干犯先生，大將軍裸而鞭之，將斃矣。奉夫人命求先生速救之。」沈愕然曰：「我不能入內室，其奈之何？」婦曰：「只須先生命蒼頭往喚公子，則大將軍不能不釋。」沈如教，蒼頭負公子來，懨懨欲絕。沈撫之遍體皆傷，泣曰：「我冤汝矣。」命蒼頭攜公子臥具來，與之同榻，慮大將軍怒猶未息也。

逾月，乘大將軍歡悅，沈復以歸寧為請，大將軍曰：「先生孝思，予曷敢阻？」擇日盛餞，大將軍欲親送出關，沈力辭，猶依依不捨，命公子代送。登程之際，後車數十乘，從者數十人，卿相咸設餞。行則衛士前驅，止則館舍盛備。所歷之都邑，自節使監司以下，迎送惟謹。至河干，則巨艘十餘。沈意謂一肩行李，何用如許舟車，始問蒼頭，則以單紙進。默數之，凡幾年所備之衣笥，及書室中所陳之物，無論書籍古玩，無不載來。沈笑謂蒼頭曰：「誤矣，是皆大將軍之具，何可攜歸？」蒼頭曰：「大將軍命，恐先生思念舊物，故悉舉以贈。」沈感甚。意謂雖不得財，諸物猶值萬計，半生無慮饑寒矣。

及抵蘇，則都督率百官迎於舟中。沈再拜以辭曰：「予小子其敢勞上官。」眾曰：「夫子為大將軍上賓，我等其何敢褻？」辭眾歸，衛士擁護至第，則舊宅全非，門第軒昂，居然巨室，沈徘徊不敢入。是時觀者如堵，鄰叟謂曰：「封翁望郎君久矣，何不入室？」沈曰：「我家何在？」叟笑曰：「郎君開創大宅，而諉為不知也。」沈始敢入。迎於門者皆幹僕，登堂則誥命輝煌，入室則父母衣四品服，儼然命卿。沈趨跪膝下，問所由來，其父母詫曰：「汝自為之，何不自知？」沈實對以不覺之故。其父北向揖曰：「大將軍成全汝，可謂再造之天矣。」

因云某年方伯來，謂老夫曰：「奉大將軍命，為翁改宅。」遂去舊而廓充之。老夫曰：「宅大人稀，得毋寥寂。」方伯即送僕婢若干人，並良田質庫，以及陳設諸物，無不畢具。旋得捷報曰：「汝從大將軍西征，以軍功得縣令，屢次薦升，今為觀察，老夫婦皆膺封典。惟慮汝在軍前，懸懸而望。今汝歸來，舉宅大慶矣。」沈感極涕零。出見諸僕數十人，以次叩謁。一老蒼頭捧櫝跪陳數籍以告曰：「是皆田宅人丁契券之屬，大將軍命置者，老奴已經理數載矣，請郎君檢收，以便老奴帶衛士等回都覆命也。」沈慰勞之。受籍計點，其值百萬，乃啟謝大將軍。自此寂然，亦無回音。

沈思大將軍權勢過甚，慮罹黨禍，不敢出仕，稱疾家居。不數載，聞帝慍大將軍，遷謫吳地。百官交章劾其肆橫狀，帝震怒，命削職拿問。過蘇郡，沈賄通緹騎，潛入舟中，撫大將軍而泣。大將軍笑曰：「大丈夫視死如歸，予即不法，實無悖逆。第上怒不解，予固不望生還。況予以儒生起家，權勢傾百僚，享用逾萬乘，得無盈滿之誅乎？惟幼子托先生青目。」沈唯唯。納贐千緡，不受。入都帝廷鞫之。皆承，賜繯首，籍其家，諸子弟皆遣戍遠方，為怨家所滅。其幼子因無職，始得以脫漏，沈聞之不勝悲慼。是夜，突有北來流丐二人，入宅求見。閽者與之錢不受，丐曰：「但得一晤主人，死亦無憾。」沈出視之，即老蒼頭與公子也，相對慟絕，遂匿以為子，以存大將軍之後。

畢秋帆之膽小

畢秋帆督陝甘時，嘗登華山蒼龍嶺。嶺壁削直上，昔韓昌黎曾投書於此。畢捨乘輿攀援而上，尚不覺其險也。及至其巔，俯視無垠，意甚悚懼，不敢下，謂此生當死於此，大哭，作書別家中。同遊者勸云：「勿視兩旁，即可從容而下。」畢終不敢。後諸人私議，勸畢飲極醉，以氈裹縋而下。畢既還，乃慷慨謂幕僚曰：「老夫今日得生還矣。」乃籌款開廣其道，使稍可登。余謂生計之逼仄，小民之無死所，一如畢之登蒼龍嶺。畢身為大員，不為小民籌生，乃為蒼龍開路，惜乎所見之不廣也。

朱竹垞軼事

朱竹垞先生客太原，留布政使王公顯祚官廨。公出白玉碗飲之，崇五寸，深四寸六分，徑七寸，舉以映膏燭，皎若冰雪，黃點如粟者數十餘綴焉，云獻之晉恭王府者也。先生大喜，連引滿，遂大醉。碗及於石案有聲，頹然隱几而臥。坐客色駭，亟持碗奉公，笑曰：「子誠小人，碗為良友所賞，即碎庸何傷？」先有月官願易以千金，公不可。至是，以先生之愛之也，俾留書齋，飭廚人月致桑落酒二甕。

枇杷無核

秀水朱竹垞與某道士善。觀中有枇杷二株，熟時每餉朱，俱無核。朱詰其故，道士以仙種對，朱終不信。道士素喜啖，尤嗜蒸豚。一日，朱邀之，命僕市一彘肩，故令道士見，不逾晷，即出以佐餐，融熟甘美，飽啖而罷。因問朱以速化之法，朱曰：「偶有小術，欲以易枇杷種耳。」道士低語曰：「無他，於始花時，鑷去其中心一鬚耳。」朱曰：「然則吾之饌亦無他，昨所預烹者耳。」相與撫掌。

顧蓮塘

道光六年，回酋張格爾煽逆，詔以陝甘總督楊遇春為欽差大臣，統陝甘兵會剿。楊公有幕友曰顧蓮塘者，精越人術。初楊公屬下，有以豔姬獻者，居於別室，公尚未之授也。越日而病且劇，歷試諸醫，罔診所患。公恐其遂死，聞顧名，而顧適在蘭州，遂邀入署，診候畢，公迎問之，顧笑曰：「恭喜大帥，如夫人病非他，乃石燕投懷之兆。」公嘿然，疾趨而出，與材官耳語久，乃復入。張具飲客，議論風生。閱須臾，而健兒二人，各以利刃挾一血孩至矣。顧大駭，手內象牙箸，鏗然落地。公止之曰：「客勿爾，客誠名醫，余乃錯怪。倘勿以蠖屈見棄，願稍勾留。」顧感其情重，諾之，大見信用。

乃未幾而回疆之事起，公轉戰塞外，顧常隨在幕府中，參與機密。七里河之役，賊十倍我，槍炮如雨下。公與顧並馬立陣前，顧馬忽驚蹶，即墮地，公方下馬扶之，而隔河已炮碎其鞍矣。此外如橫岡，如柴關，公屢瀕於危，而皆以顧得脫，公大感激。及上召問，歎為真福將。公謙遜以為顧功，因有明威將軍之號。史傳公畢生無姬侍，或即以茲一事，有遺恨者歟！

順、雍間兩大異事

文道希學士生平所見有兩異事：一為順治二十八年進呈時憲書，乃學士於廠肆舊書攤買得者；一為雍正間陳文勤世倌所奏本，乃報其六歲幼女夭逝事。學士官中書時，於內閣檔案中得之。

淮商宴客記

鹾客洪姓者，淮商之巨擘也。曾助餉百萬，賜頭銜二品。其起居服食，有王侯不逮者。戊辰之歲，某君幕遊淮上，仲夏洪商投刺約消炎會，偕同事數友詣其宅。堂構爽塏，樓閣壯麗，姑無論矣。肅客入蕭齋，委婉曲折，約歷十數重門，入一院。小山玲瓏。供素蘭、茉莉、夜來香、西番蓮數十種，以白石琢盆，梓楠為架，排列成行，咸有幽致。正南小閣三楹，前槐後竹，垂蔭周匝。閣中窗戶盡除，懸水紋蝦鬚簾箔，望之，洞虛縹緲。捲簾入內，懸董思白雪景山水，配以趙子昂聯句。下鋪紫黃二竹，互織卍字地簟。左右棕竹椅十六，磁凳二，磁榻一，以龍鬚草為枕褥。棕竹方几一，花欄細密，以錫作屜，面嵌水晶，中蓄綠荇，金魚游泳可玩。兩壁皆以紫檀花板為之，雕鏤山水人物，極其工致。空其隙以通兩夾室，室中滿貯香花，排五輪大扇，典守者運輪轉軸，風從隙入閣中，習習披香，忘其為夏。

未幾，肅客入苑囿，丘壑連環，亭臺雅麗，目不暇給。於是繞山穿林，前有平池，碧玉清波中滿栽芙蕖，紅白相間，灼灼亭亭，正含葩欲吐時。緣堤而東，千樹垂楊之下，別有舫室。渡板橋而入，為頭亭，為中艙，為稍棚，宛然大平艘。窗以鐵線紗為屜。延入，荷香清芬撲鼻。其椅桌為湘妃竹鑲青花磁而為之。艙中兩筵已具，肅客就坐，筵上榴、荔、梨、棗、蘋婆果、哈密瓜之屬，半非時物。其器具皆鐵底哥窯，沉靜古穆。每客，侍以孌童二，一執壺槳，一司供饌。饌則客各一器，常供之雪燕、永參以外，駝峰、鹿臠、熊蹯、象白，珍錯畢陳。妖鬟繼至，妙舞清歌，追魂奪魄。酒數行，熱甚，主人命布雨。未幾，甘霖滂沛，煩暑頓消。從窗隙窺之，則池面龍首四出，環屋而噴，宴畢雨止。潛察龍之所在，則洋人製皮為之，掉入池中，一人坐其背，鼓水而上。嗟乎！鹺儈耳，而享用逾王侯，何德堪此？後之疲乏，有以致之，執業者其戒之哉！

顧生詠醋詩

朱蘭坡宮贊珔主講鍾山書院時，以柴、米、油、鹽、醬、醋、茶七律試諸生，有顧生詩最佳，其〈詠醋〉一首尤妙。起句云：「書生風味美人心。」結句云：「我亦醯雞感身世，半瓶羞澀到而今。」宮贊激賞之，遂擢冠一軍。

某大臣之冤死

咸同間，某大臣以親王受遺命輔政，愛才下士，一時如江西高心夔、湖南王闓運、江蘇尹銘綬，皆歸之。後以宮闈事秘，羅織成獄，某大臣竟以法死，人罕有知其冤者。

李高陽之無行

李高陽當國時，勢焰煊赫，有往謁者，向不答拜。當李未達時，以無行稱，與徐、潘諸人，有四公子之目。既任軍機，猶不改舊習。其表侄婦某氏，有殊色，李悅之，因占為己有，使居媵侍行。某氏族人恥之，呈控於都察院。方控詞之未入也，李已先偵知之。一夕，忽命騶往拜某侍御。某侍御於李為同鄉，素未一通謁，閱刺大訝之，姑延入。既坐，李謂侍御曰：「不日將有某氏族人控我，屆時煩君將全案送我宅中也。」侍御莫名其旨，唯唯而已，李遂起身去。越日呈詞上，果派侍御裁判此案。侍御受李旨，為之極力洗刷。獄既結，得朝旨，侍御已簡為某省布政司，蓋李之所以報也。

記李治安、彭桂森之死節

李治安閩人，臺灣中學堂電班畢業生也。割臺時，劉淵亭守臺南，李赴營投救，自言善安設地雷、水雷及放發等術。劉錄用之，使守彰化。與日人戰，以地雷沒其全軍。當雷轟發時，李之營下，亦多擊死，僅以數十騎遁歸。臺人習慣：凡敗北兵士，必褫其衣服，衣以草苫。李歸時，臺人識以為敗兵，亦去其衣服，衣之草苫。李負苫歸見劉帥，劉知其無罪，與兵二百名，仍使守彰化。迨彭桂森八卦山失守，李知勢不可為，偵日軍麇集時，放雷轟之，並率兵士共死，年僅二十二歲。彭桂森者，年三十，文武全才，劉倚為心腹。所守八卦山，為臺南鎖鑰，八卦山失守，則臺南全府均去，故劉命彭守之。相持三載，彭兵僅五百名，卒為日軍所奪，全軍盡覆，彭亦殉節死。

畢秋帆之傲物

達官貴人，往往睥睨一切，以盛氣凌人。受者亦俯首不敢一較，奴顏婢膝，視為固然。獨村野間人，或尚能以微詞相辨詰，則以無利祿之觀念歆羨於中也。禮失在野，求之今日，恐亦如鳳毛麟角之不可多得矣。畢秋帆撫三秦，道經某剎，駐軒隨喜。一老僧迎入，畢曰：「爾亦知誦經否？」僧答以曾誦，畢曰：「一部《法華經》得多少阿彌陀佛？」僧曰：「荒庵老衲，深愧鈍根，大人天上文星，作福全陝，自有夙悟。不知一部四書，得多少子曰？」畢愕然深賞之。遂捐俸置田，為香火資，並鼎新其寺。此僧固可謂具善知識者，然非畢之傲物於前，憐才於後，則貴人一怒，禍福亦正不可測耳。

計甫草之逸事

吳江計甫草東，讀書講學，風趣異人。嘗客鄴中，訪謝茂泰葬處，為封土三尺餘，立碣表志。至順德，忽憶歸震川常佐此郡，有廳記二首，求其遺跡不可得，西向再拜流淚被面。遊泰山，至日觀峰，見豐碑屹立，大書「人子不登高，不臨深」，即杖策而下。還吳，見黃孝子向堅，自稱弟子。逸事尚多，此特其最著者。

曾文正知政體

六朝金粉之遺，只剩秦淮一灣水。逮明季馬湘蘭、李香君輩出，風情色藝，傾動才流。迄今讀板橋之記，畫舫之錄，紙墨間猶留馨逸。自兵燹十年，而一片歡場又復鞠為茂草矣。金陵克復數月，畫船簫鼓，漸次萌芽。時六安涂廉訪守郡，亟飛牒縣厲禁。次日謁曾文正公，公笑謂曰：「聞淮河燈船，尚落落如曙星，吾昔計偕過此，千艘梭織，笙歌徹宵，洵承平樂事也。」又次日，公先約幕府諸君，買棹遊覽，並命江寧上元二邑令，設席款太守。一時士女歡聲，商賈麇集，河房榛莽之區，白舫紅簾，日益繁盛。寓公土著，聞信來歸，遂大有豐昌氣象。公真知政體哉！

瞿鴻禨排去王仁和

善化瞿子玖與仁和王夔石同值軍機。善化實為仁和門生，其入軍機也，仁和實援引之。向例大臣初入軍機，除畫諾外，不敢妄建一議，若在師門，此例尤嚴。瞿欲排去仁和，即可居漢軍機領袖，若不得間。會仁和有耳疾，又年邁，拜跪稍艱。瞿當同入召見時，於仁和步履，扶掖備至，及退出時，又挽之使起，故顯其老態於兩宮之前。瞿又以其間語仁和曰：「師患耳疾，設上以要政詢問者，門生右顧可勿答，左顧則諾。」仁和然之，方私幸為門生之關切也。會北洋籌練新軍，兩宮以仁和曾任北洋，召詢可否，仁和見瞿右顧，不以應。孝欽后曰：「汝於此等事，竟不置可否耶？」瞿即在旁婉奏曰：「王某近患耳疾，且已衰邁，懇兩宮恕之。」孝欽又詢王曰：「汝耳疾若是其甚耶？」仁和未聞所以，第見瞿左顧也，遽對曰：「然。」孝欽怫然，即命起去。未五日而開去軍機差使之命下。

劉文清軼事

劉文清任外吏時，清勤剛正，一時有閻羅包老之稱。黃霸入相，聲名頓減。時和珅方炙手可熱，文清委蛇其間，唯以滑稽悅容而已。一日，會食軍機處，同列有徵唐宋宰相堂餐故事者，文清忽朗吟曰：「但使下民無殿屎，何妨宰相有堂餐。」一座為之噴飯。

壽序多諛詞

壽序諛詞，自前明歸震川始入文稿。然每觀近今名人集中，偶載一二，亦罕有不溢美者。惟潘次耕耒〈亭林先生六十序〉，頗有關係。其言曰：「漢自黨人議起，海內名德，網羅殆盡。而鄭康成獨全於禁錮之餘，黃巾不入其里，徒眾數千人，昭烈修弟子禮，所注經籍，百代宗之。隋季，綱紀文章蕩然。文中子挺生其時，慨然有宏濟之志，獻策不用，家居著書。河汾之間，才俊如雲，卒贊貞觀太平之治。」以此比擬亭林，非先生莫能當此也。今世文士，識力若潘次耕者，容或易遇。而所撰題目，內多肉食貴官，即詞賦名士，或竟錄札記之儒者，以及多牛足穀之富翁，碑銘傳志，無一人可傳文之人。但求文能傳人之文，執筆浩歎，又豈獨壽序然歟？

李映碧侍御

前明李映碧侍御鶴書，史局初開，屢徵不赴，堅不出山。一時名輩多以詩文投贈，有七律一章，最切合，能寫出侍御身分。詩云：「考獻徵文重石渠，蒲輪遠賁竟何如？班彪自昔能編史，范粲終知不下車。北部姓名鉤黨後，東京人物夢華餘。惟應獨拜江邊榻，公論憑開井底書。」

金石家之笑話

光緒初，潘伯寅與翁叔平、盛伯希諸人，研索鐘鼎篆隸，往來箋翰，率用籀分，遂以金石學家馳名都下。潘有弟子某，頗腹誹之。偶行市中，見餅肆爐上，有所謂馬蹄燒餅者，其底缺，形似古錢孔，購其一以歸，濡墨印於紙上，以呈潘曰：「原錢價昂，不能即得，今以墨蹟呈上，乞為推考。」潘頷之。已而熟視良久，乃曰：「是為殷某帝錢，希世之珍物也。」某大笑，出餅以進，且言其實。潘乃大慚，自是不復敢自詡。

右見近人某氏筆記，因憶兒時聞父老言阮文達製《金石索》，屬汪容甫輩助之搜羅。某日，汪袖一石以進，古色斑斕，細辨之，隱約似有款識，篆法奇古。阮問汪所自來，汪曰：「是即公所購求之某石器，雖殘破，其值猶千金也。吾竭數月之力，僅乃得此，公其審之。」阮又諦視再三，曰：「良是。」遂以千金償汪值，而列其器於集中。他日集出，汪又問曰：「吾為公搜獲之某器佳否？」阮曰：「良佳。」汪笑曰：「吾更為公求之。」乃相攜至某河濱茶肆，汪指臨河之亂石示阮曰：「公視此，孰與某石器佳？」阮見而大愕曰：「君奈何戲我？」汪曰：「偶留為金石家一噱耳，何怒為？」阮喻其意，復致數千金，乞勿泄言此事。故《金石索》中之贋鼎，迄今罕有知者。觀此兩事，金石家之作偽，可見一斑矣。

李文魁遺事

馬關之役，臺灣自立為民主國，奉巡撫唐景嵩為大統領，七日而滅。蓋景嵩文吏，無遠略，七日間之興廢，實李文魁左右之也。文魁，湘人，為撫標管帶，駐臺北。先是和議垂定，景嵩示所屬，誓與臺灣共存亡，臺民信之。已而有官將渡廈門，載運行李頗多，無賴遏而奪之。中軍王某，率兵馳救，槍殺十餘人，眾大噪，持械互鬥，中軍被殺，兵皆潰走。眾遂蜂擁至撫署，署兵開槍，又擊死十餘人。景嵩聞變而出，適文魁自外至，拔刀歷階而升。景嵩驚問何為？文魁曰：「來護大帥耳。」景嵩以令授之曰：「速召守兵六營來。」文魁持令出，號於眾，提督楊岐珍及各統領俱率兵至，眾乃散，文魁遂駐獅球嶺。

及聞基隆破，率左右數十人，挾快槍，突入撫署，大呼曰：「獅球嶺危在旦夕，請大帥督轉。」景嵩悚然起立，舉案上令箭擲之曰：「軍令俱在，好自為之。」文魁俯首拾取。及起，而景嵩已杳矣，遂捧之出。景嵩退而歎曰：「諸公誤我，我誤臺民。」竟攜巡撫印，乘德商輪船而遁。各軍聞之，悉潰散。文魁亦躡景嵩後，至廈門，圖殺之。寓福升旅館，召妓侑觴，既醉而出。以景嵩與楊篔軒善，徑往其家跡之，不得。營官印寶昌率兵巡警，遇之，詰其姓名，不答，邀往提署，又不肯行，縱兵擒之，皆辟易。某弁素有力，進與鬥，眾又助之，文魁乃被縛。搜其身，則刀槍俱在。提道會訊，始知為李文魁也，竟置之法。

仇十洲《史湘雲春睡圖》

仇十洲工人物，其名雖婦孺皆知之。某骨董肆懸一幅仇十洲《史湘雲春睡圖》，有賞鑒家甲、乙二人，過而見之。甲曰：「此的是真蹟，其用筆非十洲不辦，且題字與圖章，無一不絕佳，而縑紙亦非近百年物。」乙曰：「君言誠然，但佈景散漫，余不能無疑，恐自高手摹本耳。」二人津津致辯。忽背後一人大言曰：「明朝人畫本朝小說故事，大是奇談。」言罷，悠然而去，二人面赤不能作一語，繼而徐歎曰：「吾輩賞識，乃在牝牡驪黃之外。」

彭芸楣考試之趣事

彭芸楣尚書，督學浙江，考試至某府。該處文風僻陋，無一卷可入目。有三人抄襲刻文，一人一字不易，二人顛倒其文而抄之。案發，其不易一字者第一、餘二人第二、三名，群議先生之未見刻本也。

發落時，先生召三人謂之曰：「汝以髫年所誦習，不遺一字，記性卻佳，故道拔之，為勤讀者勸。汝二人卷中脫訛太多，想此調不彈久矣。今後當再加溫習功也。」按先生此舉，可謂趣甚矣。

記崔提督被刺事

崔名大同，咸豐初為廣東記名提督。會洪楊難發，粵中土匪四應，省會戒嚴，制府檄崔督師東門外。時崔方篆某鎮，奉檄返省，制府授以方略，畀以軍械，乃辭出東城。崔性疏狂，尤豪於飲，日必吸汾酒數斤，醉則據座大罵曰：「跳樑小丑，乃足擾吾酒興耶？」將校稟事，偶不慎，輒遭笞責，其軍令然也。既辭制府出，乃告將校，詰朝首途，命弁勇束軍械，先舁出東郭。一將校曰：「賊氛甚惡，恐將要截，宜使弁勇執械，以備不虞，不宜捆載以往也。」崔大怒曰：「若輩何如？乃敢亂我軍令，賊果要截，我當奮臂捉之，若輩多備鐵索，佇看縛賊可矣。」將校太息而退。

翌晨，使軍官押械先行，崔則扶醉乘馬，十餘親兵隨其後。既出東門，崔忽仰天大笑，顧謂從者曰：「大好江山，殊足供我憑眺，顧安得有賊乎？」復前行。未及一里，忽有數田夫，手持鋤鍤，直趨馬前，疾聲曰：「賊在前途要截提督，其鋒甚銳，不可當也，請速回。」崔大駭，亟勒馬返。而數田夫要其前，舉鋤鍤力擊之，崔不及備，親兵以無軍械，皆潰散，崔遂遇害。死時罵賊猶不絕也。賊去，親兵乃徐集，負崔屍而返。各官大驚，馳往驗之，鱗傷百餘處，腦漿迸裂，血涔涔透重衣，死狀慘極。顧以其使酒愎諫，咎實自取，又未及抵營視軍，不能援死於王事之例以議恤，故僅由家族備殮而已。其遇害之地，距東城不一里，蓋即溫生財刺殺孚琦處也，抑又巧矣。

白蓮教之初起

乾隆末年，白蓮教初起，蔓延極廣。當劉之協之徒張正謨、聶人傑輩，聚眾倡亂於枝江縣時，當陽縣令聞變，坐廳事，傳集書役，語之曰：「白蓮教已反，賊踞枝江之灌灣腦，與本邑界連，邑中習教者宜先嚴捕，以防內訌。」書役齊聲曰：「我等即白蓮教也，更誰捕？」令拍案怒罵曰：「汝輩反乎？」曰：「反即反耳，何怒為？」令拂袖起，群役爭先拉殺之，遂據當陽縣城。

豪奢、吝嗇之不同

虞山縣東五十里有徐市，為前明徐大司空栻聚族處，族大眾多，並擅厚資。相傳其族中一名欽賽者，性最豪奢。嘗於春日市飛金數斛，登塔頂散之，隨風揚去，滿城皆作金色，好事者，有「春城無處不飛金」之詠。又嘗從洞庭山買楊梅數百筐，於雨後置桃源澗，遣人踐踏之，澗水下瀉，其色殷紅如血，遊人爭掬而飲之。

一名啟新者，性最吝嗇，其書室與灶僅隔一垣，嘗以繩繫脂，懸於當灶，而繩之操縱，懸於書室中。每菽乳下釜，聞執爨者呼曰：「腐下釜矣。」乃以繩放下。才著釜，聞油爆聲，則又收繩起，恐其過用也。所畜雨具，有革履三隻，一留城，一留鄉，一隨身帶之，恐為人借用也。又嘗以試事至白門，居逆旅月餘，所記日用薄，每日止腐一文，菜一文。同學魏叔子沖見之，為諧語曰：「君不特費紙，並費筆墨矣，何不總記云『自某日至某日每日買腐菜各一文乎』？」啟新方以為然，初不知其謔己也。其可笑多類此。

王東溆《柳南隨筆》，謂坊間所刊之《一文錢》傳奇，即其族人所作，以誚啟新者。聞啟新與欽賽，於族誼為昆季行，乃不為塤篪之應，而為參商之乖，其事甚奇，不特足資談助已也。

惇邸杖劉趕三

劉趕三者，京伶中丑角第一人也。光緒初，禁中演戲，扮《思志誠》一齣，趕三為鴇母，客至，則引亢高叫曰：「老五、老六、老七，出來見客呀。」蓋都下妓女，以排行相呼，而是時惇、恭、醇三邸，皆入坐聽戲，惇行五，恭行六，醇行七，故以是戲之也。恭邸故脫落，喜詼諧，聞之大噱。醇賢親王故恭謹，雖不悅，然以在太后側，未敢言。惇邸夙嚴正，則大怒，叱曰：「何物狂奴，敢無禮如此！」立叱侍者，擒之下，重杖四十。

《鮚埼亭外編》

謝山先生易簀時，以詩文稿付其弟子董秉純、小純藏弆，手定凡六十卷，其餘殘篇剩簡，幾滿一竹笥，小純泣拜而受。粘連補綴，又彙為七十卷。其中與正集重複及別見於他作者，幾十之四。擬重刪定，以多先生手書，不忍塗乙，因手自謄寫，課徒之隙，抄得三百餘紙。船唇驢背，挾以俱行，竟未竣事。小純旋判池州，地僻政簡，日課字四千，四閱月始卒業，即今所傳《結埼亭外編》也。先生沒，無後，著述三十餘種，多賴小純與蔣學鏞、盧鎬為之排比讎正。雖書不盡傳，而風義足尚矣。

北京清涼庵楹聯

北京清涼庵為庚子拳匪立壇之所，亂事後，有人仿滇南大觀樓楹聯體，為作一聯云：「五百石糧儲，助來壇裡，上名造冊，亂紛紛香火無邊。看師尊孫臏，技演毛遂，乩托鴻鈞，禮崇楊祖，伸拳閉目，何嫌大眾譏評？趁古剎平臺，安排些席棚草鋪，便書符念咒，遮蔽那鉛子鋼鋒。莫辜負腰纏黃布，首裹紅巾，背繞赤繩，手持白刃；數千人性命，喪在團頭，熟睡濃眠，明晃晃刀槍何用？想焚毀教堂，搜剿民舍，穢污佛地，威嚇官衙，張膽欺心，一任旁觀笑罵。況劫財殺客，值自同瘋狗貪狼。縱作怪興妖，今已化飛禽走獸，只贏得律犯天條，身遭法網，神歸地府，魂赴陰曹。」

汪容甫之誕率

汪容甫少狂放，肄業安定書院。每一山長至，輒挾經史疑難數事請質，或不能對，即大笑出。孫志祖、蔣士銓皆為所窘。時僑居揚州者，程晉芳、任大椿、顧九苞，皆以讀書該博負盛名，容甫眾中語人，揚州一府，通者三人，不通者三人。通者高郵王念孫、寶應劉台拱與己是也。不通者即指程、任諸人。適有薦紳家居者請容甫月旦，容甫大言曰：「君不在不通之列。」其人喜過望。容甫徐曰：「君再讀三十年書，可以望不通矣。」其詼諧皆類此。

稚存與容甫同肄業揚州書院。一日，偕至院門外，各跨一石狻猊，談徐氏《讀禮通考》得失。忽一商人冠服貴倨，肩輿訪山長。甫投刺，適院中某生趨出，足恭揖商人，述連日趨謁狀，商人微頷不答。容甫憤甚，潛往拍商人項，大聲曰：「汝識我乎？」商人逡巡曰：「不識。」「識向之趨揖者乎？」曰：「亦不識也。」曰：「我汪先生，趨揖者某先生，汝後識之乎？」曰：「識之矣。」曰：「汝識之，即速去，毋溷吾事。」商人大懊喪，登輿去。夫商人謁山長，某生之趨出足恭，自取辱也，於石狻猊上談《讀禮通考》者何與？講學家聞之，必以容甫為誕率。然今之講學家，一遇冠服貴倨之商人，吾甚憾其不誕率也。

阮雲台之考釋鐘鼎

阮文達為浙江巡撫時，其門生有入都會試者，偶於通州逆旅中，購一燒餅充饑。見其背面斑駁成文，戲以紙拓之，絕似鐘鼎，即寄與文達，偽言某於北通古董肆中見一古鼎，因無資不能購，某亦不知為何代物，特將銘文拓出，寄請師長與諸人共相考訂，以證其真贋。文達得書，即集嚴小雅、張叔未諸名士，互相商參，諸人臆為擬議皆不同。最後，文達乃指為《宣和圖譜》中之某鼎，即加跋於後，歷言某字某字，皆與圖譜相合，某字年久，銘文剝蝕，某字因拓手不精，故有漫漶，實非贋物云。某門生見之大笑。

《明僮小錄》序

京師伶界之盛，為四方所無。蓋日與士大夫親近，其吐屬舉止，自能有名雋氣，非徒侈色藝之工而已。咸豐中，有浙人餘不釣徒者，著《明僮小錄》一書，載當時諸伶遺事甚悉，詞筆亦極雅雋，今已無有能舉其名者矣。記其自敘一首云：

軟紅十丈，珠溫玉暖之鄉；拾翠三春，蝶醉蜂迷之候。道枇杷之門巷，室盡如蘭；住楊柳之樓臺，人原似璧。入時梳裹，西家返而效顰；絕世丰神，南威望而卻步。爾乃歌場雅集，廣座姍來，染翠黛於樓中，散芳紅於簾外。貌嬋娟之故事，猶在人間；譜霓舞之新音，自應天上。目招屢屢，青眼伊誰？耳語匆匆，黃昏有約。

於是招邀勝侶，薈萃良朋，簾影泥人，樓頭遲汝。雙行押字，命鳩鳥以迎來；一笑搴簾，倏驚鴻之至止。省識廬山真面，裙屐風流；爭看虢國修眉，鉛華淨洗。松醪把注，無妨大斗之斟；鞠腃興辭，更屈高軒之過。同車有美，氤氳奉倩香留；隔巷停驂，依約秦宮花底。指兒家兮是處，絳蠟迎門；偕妹子以登堂，銀蟾在戶。曲房窈窕，人窺小有之天；繡榻橫陳，花種長生之地。密密翔鸞之字，補壁畫工；疏疏待燕之簾，臨窗鏡啟。筆床硯匣，觀塗乙於新詩；繡履香囊，衍秘辛之雜事。數遍檀欒位置，東鰈西鶼；揭來萃聚因緣，南鴻北雁。三蕉戰拇，從看釣弋張拳；百萬回眸，莫負杯行到手。蘭缸背卻，一握情賒；蓮漏摧殘，三通鼓遍。緩須臾之命駕，且住為佳；聽嘈雜以呼燈，不留也去。

是知桃花洞秘，曾無易問之津；山木枝遙，每有聞歌之感。未使琅琊情死，顛倒難忘；奈何溱洧思空，迷離莫辨。仆都門印爪，驛路濡豪；目限窺蠡，腹慚飲鼴。舞衫歌扇，長安之舊雨無多；柳寵花姣，出谷之新雛自貴。聊就見聞所及，粗為梗概之陳，藉慰牢愁，非矜藻飾。所願花宮月窟，爭傳千佛之名；會看酒國詩壇，更踐三年之約。

謝薌泉之豪宕

謝薌泉侍御，性豪宕。嘗蓄萬金，遨遊江浙間，拋棄殆盡。嘗曰：「人生貴適意耳，銀錢常物，何足惜也？」嘉慶初，和珅當權時，其奴隸抗縱無禮，無敢忤者。謝巡南城，遇其妾兄某，馳車衝騶從，公立命擒之，杖以巨杖，因焚其轂，人爭快之。王給諫鐘健，希和意，劾罷謝官。管御史世銘笑曰：「今日二公各有所失。」有問之者，答曰：「謝公失官，王公失名。」失官之患，不過一身，失名之患，至傳千古矣。

年羹堯德不勝威

年羹堯鎮西安時，廣求天下才士，厚養幕中。蔣孝廉衡應聘而往，年甚愛其才，曰：「下科狀頭，當屬君也。」蓋年聲勢赫耀，諸試官皆不敢違故也。蔣見其自用威福，驕奢已極，因告同舍生曰：「年公德不勝威，其禍立至，吾儕不可久居於此。」其友不聽，蔣因托疾辭歸，年以千金為贐，蔣辭不受，減半與之，乃受以歸。未逾時，年以事誅，幕中皆罹其難。年素奢侈，費用不及五百者，不登諸簿，故蔣辭千而受百者此也。

北方之渾渾

南方稱市井遊手曰「流氓」，北方稱市井遊手曰「渾渾」。顧流氓以詰詐勝，渾渾以剽悍不畏死勝。渾渾中約有二等，下者為雞鳴狗盜之流，其次者力則排難解紛與殺人越貨兼而有之。蓋其氣質有類戲劇中英雄好漢行徑，求吾心之所安，不問是非也。渾渾中有領袖，俗稱曰「大哥」。大哥一語，咸視為命令，無敢違。大哥行於市間，偶一謦咳，徒黨立集。顧聞彼中人言，為領袖者，殊無他長，但能忍耐諸種苦痛，任人鞭棰箠剁擊，夷然任受而已。渾渾勢力，亦有界限，如前門大街及驢馬市者為最。

紀曉嵐真勝人一籌

乾隆中，每歲巡幸熱河，必於中秋後一日進哨，即木蘭圍場也。重陽前後出哨，蹕路所經，有所謂萬松嶺者，為重九日駐蹕登高之所。歲庚戌，上駐此，顧謂彭文勤公，令將舊懸楹貼，悉易新語。公構思甚苦，偶得句云：「八十君王，處處十八公，道旁介壽。」苦無對，因馳一紙書，屬紀文達公成之。文達笑曰：「芸楣又來考我乎？」立就餘紙寫對句云：「九重天子，年年重九節，塞上稱觴。」公得報，歎曰：「曉嵐真勝我一籌矣。」

正大光明殿試題

嘉慶中，某歲翰詹大考，賦題為「正大光明殿」。試後，有部郎數人小集，偶論及此題之難，而忘其韻腳，方仰首凝思。龔定庵適在座，曰：「吾當憶之，乃『長林豐草，禽獸所居』八字耳。」

陸稼書之高風亮節

稼書先生，清風亮節在人耳目，詳載於阿崇樸所選《公行狀》，及鈕玉樵《觚賸》。江韓門太史有〈陸公行狀書後〉一篇，末附二事，狀所未及者，事雖細，而公之高風已不可企矣。公將去京師，相國那拉公明珠欲接納公，崑山徐尚書乾學為訂期往謁，公諾之，而先期就道。人或咎公失信，公曰：「告以不往見，則無以拒有力者，必不免於見矣。」又居鄉時，值高學士士奇親喪訃聞，不欲顯然往弔，乃乘小舟賫香楮，雜眾賓入拜，拜已徑出。比學士知，亟款留之，而棹已返矣。又聞先生作宰時，嘗作

〈勸盜〉文遣吏往獄中誦讀。大略謂一念之差，不安生理，遂做出此等事來，受盡苦楚。然人心無定，只將這心改正，痛悔向日的不是，如今若得出頭，從新做個好人，依舊可以成家立業等語。一時獄中痛哭失聲。

一技必有師承

康熙時重建太和殿，有老工師梁九者，董將作，年七十餘矣。自前明及本朝大內興造，梁皆董其事。一日手製木殿一區，以寸准尺，以尺准丈，不逾數尺許，而四阿重室，規模悉具，殆絕技也。初，明之季，京師有工師馮巧者，董造宮殿。自萬曆至崇禎末老矣，九往執役門下數載，終不得其傳，而服事左右不懈，益恭。一日九獨侍，巧顧曰：「子可教矣。」於是盡傳其奧。巧死，九遂隸籍冬官，代執營造之事。一技之必有師承，不忘授受如此。柳子厚作〈梓人傳〉，謂畫宮於堵，盈尺而曲盡其制，計其毫釐而構大廈，無進退焉，殆類是歟？

吳枚庵所選國朝人詩

吳枚庵翼鳳所選國朝人詩，近時始有刻本，門戶較沈選稍宏大，有正集、外集。蒙叟、梅村諸家，皆入外集。蒙叟之姓名，則易為彭撝，字曰六吉，謂為浙江常山人。屈翁山姓名，則易為翁紹隆，字曰騷餘，謂為廣西臨桂人。想見當時法網之密。然雖易姓更名，而詩仍多膾炙人口之作。姓名既異，遂無人過問者，斯所以為中國之法禁歟？

記名軍機章京王某

泰州王某者，記名軍機章京，將傳到矣。忽一日呈請回籍，攜眷出京，眾皆大愕不解。有知其事者，謂王無意中得罪一人，其人持刀，日夜伺於途，將得而甘心焉，故寧棄官歸耳。先是某日，署中派王遞摺件，時王已移居外城，夜半，倒城而入。將至東華門矣，忽摸索車中，忘攜朝珠，大窘。時已不能出城往取，因憶有汪某者，住東華門左近，盍往假用之？遂驅車至汪宅。汪已寢，聞王半夜至，披衣起，問何事。王以情告，請借用之，汪沉思曰：「我軀體較爾長大，我珠恐不合用，我將內人珠借爾用之可也。」匆匆取珠出，即掛於王項。王戲吟曰：「百八牟尼珠一串，歸來猶帶乳花香。」汪登時面色大變，怒氣勃勃，返身入內。王亦異之，不俟其送，即出而登車。

甫揚鞭，汪已趕至，手白刃大罵曰：「爾□曹踏人太甚，不殺爾，誓不干休！」追斫其車尾，急馳不及而免。及事畢，欲遣人還珠，又見汪怒目持刀，立門外以俟，大懼而奔，汪追及大街而返。自是每出，必遇汪挾刃以俟，故決計棄官歸也。後有知者，謂汪即乾隆間某夫人拜梁相為義父者之曾孫也。王不知其為汪某之後，誤揭其曾祖之短，宜乎汪某之恨入骨髓也。汪王二名姑諱之。

都下消寒會

都下有作消寒會者，以〈閨怨〉命題，而限溪、西、雞、齊、啼五韻，中嵌一、二、三、四、五、六、七、八、九、十、百、千、萬、丈、尺諸字。其冠軍一首云：「六曲圍屏九曲溪，尺書五夜寄遼西。銀河七夕秋填鵲，玉枕三更冷聽雞。道路十千腸欲斷，年華二八髮初齊。情波萬丈心如一，四月山深百舌啼。」

申涵光之抱負

申涵光字和孟，永年人。少抱大志，棄舉子業，肆力於詩，以此知名。嘗謁孫徵君奇逢，執弟子禮，歸來大書於堂曰：「真理學從五倫做起，大文章自六經分來。」又自題書室曰：「學古之志未衰，每日必擁書早起；千世之心久絕，無夕不把酒高歌。」其抱負如此。卒年五十九，所著有《聰山詩鈔》。

張映璣之雅謔

浙江轉運張映璣，山東人，性寬和，善滑稽。一日出署，有婦人攔輿投呈，則告其夫之寵妾滅妻者也。張作杭語從容對曰：「阿奶，我係鹽務官職，並非地方有司，但管人家吃鹽事，不管人家吃醋事也。」一笑而遣之，可謂雅謔矣。

漕弊

漕政首禁浮收，而浮收之原，由於旗丁之索加幫費，又於沿途公用，及通倉胥役，催趲員弁，索費於旗丁。故歷屆兌漕，州縣有協濟之款，積久視為應得，更思逐漸加增，以倡率停兌，為挾制之端；以捐勒通關，為刁難之具。水手出入淮境，不虎而鼠，首尾帖然。及到江南，則玩易官府，欺凌民船，霸道橫行，莫敢正視，旗丁之牙爪也。官衛在淮，奉法惟謹，不率則漕督褫其章服而撲之。及到江南，挑米色，促兌期，互為狼狽，又旗丁之羽翼也。

此輩既托詞多於州縣，州縣亦必藉口浮取於小民，加五加三，風篩雨耗，蠹書差保，朘削無藝，此在民之害也。州縣一年支用在此，通省攤捐在此，又奏明彌補，津貼各款，漕米一石，協濟銀三四錢不等，合計已及數萬，此在官之累也。在顢頇之州縣，未必諒百姓之苦；在顓愚之百姓，亦無由悉州縣之難。下怨上尤，互相詬病，而皆不為無因，其病民蠹官，大為漕害者，則相沿之陋規是已。或田無一畝，包至數十百石；或米無升合，索費至數十百金。人數多者三四百名，陋規竟至二三萬兩。沿習已久。殊駭聽聞。

《兒女英雄傳》

《兒女英雄傳》說部，燕北間人著。全書所記，皆俠女何玉鳳事。其人有無，不必論，惟據其記載，則玉鳳故大家女也，奉老母，闢地青雲，且隱其名曰十三妹。則以有一功名蓋世，炙手可熱之人，陷其父於死，立志不與共戴天也。功名蓋世者為誰？曰紀獻唐也，即燕北間人所謂天大地大無不大者。然本朝二百六十年中，有紀獻唐其人不乎？吾之意，以為紀者年也，獻者，《曲禮》云：「犬名獻羹，」唐為帝堯年號，合之則年羹堯也。年氏用兵西陲，轉戰萬里，為本朝勳臣第一，後以跋扈誅，人盡知之矣。其事蹟與本傳所記悉合，故吾謂其書雖傳何玉鳳，實則傳年羹堯也，紀獻唐特變幻其字耳。

雖然，年以罪誅，直書其名，述其事，當不至干犯禁網，何須委曲乃爾？意者，年氏之死，出於同僚誣衊，而非其罪，燕北閒人特隱約其詞，記之小說，以表明之耶？不然，何玉鳳為全書主人，而開宗明義第一章，反敘安驥救父，玉鳳正事，直至全書將完，始行述及，何也？安氏籍貫，惟著者之意所欲云，必曰旗人，又何也？夫阿里嗎一武夫耳，且忌之如眼中釘，必殺之而後快，不以其為滿人故稍寬假之，況年羹堯以漢兒而擁重兵，目無餘子者乎？燕北閒人，蓋言之有餘痛矣。試稔知博聞者。

慈仁寺書攤

京師書攤，皆設琉璃廠火神廟，謂之廟市。考康熙朝，諸公皆稱慈仁寺買書，且長年有書攤，不似今之廟市，僅新春半月也。相傳王文簡晚年，名益高，海內訪先生者，率不相值，惟於慈仁寺書攤訪之，則無不見，亦一佳事。

馮已蒼為獄吏所殺

虞邑馮舒，字已蒼，嘗以議賦役事，語觸縣令瞿西達，瞿深銜之。已蒼集邑中亡友數十人詩為《懷舊集》，自序書太歲丁亥，不列本朝國號年號，又壓卷載顧雲鴻〈昭君怨〉詩，有「胡兒盡向琵琶醉，不識絃中是漢音」之句，卷末載〈徐鳳自題小像詩〉，有「作得衣裳誰是主，空將歌舞受人憐」之句，語涉譏謗。瞿用此下已蒼於獄，未幾死，蓋屬獄吏殺之也。又聞已蒼在獄中，梏拳而桎，友人往候之，已蒼自顧笑曰：「此特馮長作戲耳。」蓋已蒼頎然長身，人以「馮長」呼之，「馮長」與「逢場」同音，故云爾。

宋故宮德壽基舊池

高宗第六次南巡，有司於鳳凰山宋故宮址，葺治行宮。掘地為池，下鍤數尺，適得舊池，欄杆皆白玉石琢成，雕鏤精絕，蓋德壽舊基也。池底泥土中，獲鯽魚十餘頭，長巨尺餘而無目，大約埋於地下六七百年之故。工人烹食數尾，頃刻皆暴死，乃懼。舉餘者棄之江，浮至中流，風浪陡作，有大魚數十翼之去，人皆異之。今此池又沒為平地，不知何時再得理而出之也。

國初之滿債

順治十六年，海寇作亂。蘇郡有駐防兵來守，將軍祖大壽圈封民居以為駐防之所，號大營兵，自婁門至桃花塢寶城橋而止，獨不及後板廠一隅。緣後板廠有李灌溪，曾任前明兵備。時祖為微員，有事當刑，幕友勸李解救，李適擲色，曰：「此人有福，當得全紅。」一舉而得六紅，遂救之，得免，祖故以此報之也。

康熙三年，撫軍韓心康，奏請以駐防兵移至京口。去之日，恐兵有變，預與將軍謀，先備船於城外，令兵一時盡行出城，不得停留一刻，違者斬首。蓋當時民間有借兵銀者，償之無已，名曰「滿債」。韓深知其意，預令欠戶遠逃，貼撫軍封條於門，兵來索債，見之捨去，民賴以安。吳人感其德，立祠於虎丘半塘，今韓公祠是也。公撫吳時年未三十，俗呼為小韓都堂。

朱鳴虞與趙蝦

康熙初，有陽山朱鳴虞者，富甲三吳，遷居申衙前，即文定公舊宅。其左鄰有吳三桂侍衛趙姓者，混名趙蝦，豪橫無比，常與朱鬥富。凡優伶之遊朱門者，趙必羅致之。時屆端陽，若輩先赴趙賀節，飲酒皆留量，趙以銀盃自小至大，羅列於前，曰：「諸君將往朱氏，吾不強留，請各自取杯一飲而去何如？」諸人各取小者立飲，趙令人暗記，笑曰：「此酒是連杯偕送者。」其播弄人如此。

朱曾於元宵，掛珠燈數十盞於門，趙見之，愧無以匹，命家人碎之。朱不敢與較，商於雅園顧吏部予咸，顧唯唯。乃以重幣招三桂婿王永康來宴飲。席散遊園，置碎燈於側，王問曰：「可惜好珠燈，何碎不修？」朱曰：「此左鄰趙蝦所為，因平西之人，未敢較也。」王會意，耳語家人，連夜逐趙出城另遷，一時大快人心。鳴虞之子後入翰林，常與王往來，王居北街拙政園，俱先三桂死。今申衙前尚有陽山朱弄之名，問所謂朱鳴虞、趙蝦之號，竟無有知者。

題壁詩

康熙十八年，三藩為亂，調兵四出。有卒過橫涇，宿關帝廟，題二絕句云：「昔為典兵司，今反在兵列。十載從軍行，太阿混凡鐵。」「四海男兒志，沙場得得行。深閨今夜月，同此照淒清。」此人亦奇士也。

高房山《春雲曉靄圖》

高房山《春雲曉靄圖》載於《消夏錄》。乾隆間，蘇州王月軒以四百金得於平湖高氏。有裱工張姓者，以白金五兩，買側理紙半張，裁為兩幅。以十金屬翟雲屏臨仿，又以十金屬鄭雪樵摹其款，印用清水浸透，實貼於漆几上，俟其乾再浸再貼，日二三十次，凡三月而止。復以白芨煎水，蒙於畫上，滋其光潤。墨痕已入肌裡，筆意宛似。原畫用綾裝成綾邊，上有煙客江村畫記，以八百金售於畢澗飛。又裝第二幅，攜至江西，為陳中丞所得，價五百金。真本仍在吳門，無人過問，鑒藏家之眼力如此。

王、吳二人之絕交

大癡《陡壑密林圖》，峰巒渾厚，草木華滋，本王奉常物。王石谷借與吳漁山，索之，數年不肯還。漁山語人曰：「石谷吾友也，陡壑密林吾師也，去吾師不如斷吾友。」竟絕交。按今之假人書畫而不還者，莫不藉口於漁山矣。

龔定庵軼事

龔定庵為道光朝一大思想家，所為文詩，皆廉悍偉麗，不立宗派，思想尤淵淵入微。生平治學頗博雜，惟近時坊刻《定庵文集》，只六冊，其所自定之二十四卷本，已無地可尋。定庵生平性不羈，善作滿洲語，嗜冶遊。晚歲學佛，平居無事時，非訪伎，既訪僧。遇達官貴人，輒加以白眼。生平不善書，以是不能入翰林。既成貢士，改官部曹，則大恨。乃作〈干祿新書〉，以刺執政。

凡其女、其媳、其妾、其寵婢，悉令學館閣書。客有言及某翰林者，定必哂曰：「今日之翰林，尚猶足道耶？我家婦人，無一不可入翰林者。」以其工書法也。生平所得金，皆隨手盡，京師人以怪物目之，夷然不顧也。在京日所歡甚多，與某貝子福晉誼最篤。舊例，凡滿蒙王公貴人諸內眷，例不許外出，惟每季可遊廟一次。遊廟有定期，某福晉於遊廟時，與定庵遇，既目成，以蒙語相問答，由是通殷勤。未幾，為某貝子所知，大怒，立逼福晉大歸，而索定庵於客邸，將殺之。貝子府中人素受福晉惠，偵知其事，告定庵，定庵孑身走至江淮間，幾乞食。其集中紀行詩，有留眷於京，單身外出，及文集中〈重過揚州記〉，皆此時作也。

龔定庵官京曹時，得趙飛燕印，狂喜賦詩，詩載入集中，而不詳其緣起及印之形狀，李悉伯因謂龔為人欺。昨觀《吳石華集》中，有題此印詩，所記甚詳，特錄如下，以為藝林添一故實。其序云：「玉印徑寸厚五分，潔白如脂，紐作飛燕形，文曰：『倢伃妾趙』四字。篆以秦璽，似獨以鳥跡寓名。嘉靖間，藏嚴分宜家，後歸項墨林，又歸錫山華氏，及朱竹垞家，最後為嘉興文後山所得。仁和，龔定庵舍人，以朱竹垞所藏宋拓本《婁壽碑》相易，益以朱提五百，遂歸龔氏，此冊乃何夢華所拓也。」詩云：「碧海雕搜出漢宮，回環小篆字尤工。承恩可似綢繆印，親蘸香泥押臂紅。不將名字刻苕華，體制依然復內家。一自宮門哀燕后，可憐辜負玉無瑕。黃門詔記未全誣，小印斜封記得無？回首故宮應懊悔，再傳重問赫遞書。錦裹檀薰又幾時，摩挲尤物不勝思。煙雲過眼都成錄，轉憶龔家婁壽碑。」聞此印後歸潘德畬方伯，今不知流落何所。

偶見近人筆記，載龔與明善堂主人事。按主人名奕繪，號太素，為榮恪郡王綿億之子，封貝勒，著有《明善堂集》。側福晉者，即太清西林春，著《天遊閣集》者也。太清姓顧，吳門人，才色雙絕，貝勒元配妙華夫人歿後，寵專房。貝勒由散秩大臣管宗人府及御書處，又管武英殿修書處，旋改正白旗漢軍都統。性愛才，座客常滿。其管宗人府時，龔方為宗人府主事，常以白事詣邸中。貝勒愛其才，尊為上賓，由是得出入府第，與太清通殷勤，時相倡和。龔雜詩中所謂「一騎傳箋朱邸晚，臨風遞與縞衣人」即指此事。聞太清好著白衣，故云云。太清貌絕美，嘗與貝勒雪中並轡遊西山，作內家妝，披紅斗篷，於馬上撥鐵琵琶，手白如玉，見者咸謂王嬙重生。又聞貝勒所作詞，名《西山樵唱》，太清詞名《東海漁歌》，當時特取其對偶云。

頃於某說部中，見有龔某外詩一首，此詩舊藏蔣劍人家，後歸王紫佺。蔣與王皆與龔子孝拱相友善，決為龔作無疑。詩云：「未定公劉馬，先宰鄭伯羊。海棠顛未已，獅子吼何狂？楊叛春天曲，藍橋昨夜霜。微雲才一抹，佳婿憶秦郎。」又〈題友人扇〉一絕云：「女兒公子各風華，爭羨皇都選婿家。三代以來春數點，二南巷里有桃花。」情辭惝恍，他人斷無此想，無此筆墨也。

龔以奇才會試舉春官，不得入翰林大恨，因為〈干祿新書〉以諷世。其所著詩，亦多諷世之作，如〈詠史〉詩，則為曾賓谷而作也；如〈小遊仙詩〉，則為不得軍機章京而發也。龔為主事時，其叔方為尚書。一日，龔往謁，甫就坐，忽閽人報有小門生求見，其人固新入翰林者，龔乃避入耳室中。聞尚書問其人以近作何事，其人以寫白摺對，尚書稱善。且告之曰：「凡考差，字跡宜端秀，墨蹟宜濃厚，點畫宜平正，則考時未有不入彀者」其人方唯唯聽命，龔忽鼓掌曰：「翰林學問，原來如是。」其人惶遽去。尚書大怒訶之，由是廢往還禮以自絕。

定庵以道光十九年，年四十八乞休。二十一年，五十歲歿於丹陽。其歿也，實以暴疾，外間頗有異詞。初，定庵官京曹時，常為明善堂主人上客。主人之側福晉西林太清春，慕其才，頗有曖昧事。人謂定庵集中游仙諸詩，及詞中〈桂殿秋〉、〈憶瑤姬〉、〈夢玉人引〉諸闋，惝恍迷離，實皆為此事發也。後稍微主人所覺，定庵急引疾歸，而卒不免。蓋主人陰遣客鴆之也。或又謂定庵晚年所眷靈簫，實別有所私。定庵一日往靈簫處，適遇其人，因語靈簫與之絕，簫陽諾之，而蹤跡則愈密。半歲後，定庵一日又見其人從靈簫家中出，因懷鴆以往，語靈簫其人倘再至者，即以此藥之。藥方固出禁中，服之不即死，死亦無傷痕可驗也。靈簫受藥，即置酒中以進，定庵飲之歸，即不快，數日遽卒。

定庵子孝棋，為英人巴夏禮客，異英法兵焚圓明園，世多以為詬病。然此時民族主義尚未發達於吾國，且孝棋用意固別有在，不得以中行說之流概之。世傳孝棋晚年軼事一則，頗有任俠風。孝棋晚年，流寓江表，歲入不豐，而揮霍無異於昔。偶值歲暮，其故人子某，以卒歲無資，謁孝棋，謀稱貸。孝棋顰蹙曰：「吾亦處窘鄉，愛莫能助，奈何？雖然，子已到此，不可不盡地主之誼也。」次日，即開筵大宴，且召梨園兩部，燈火氍毹，訖漏盡始罷。故人子私詢龔氏僕，昨日之宴，所費幾何？對曰：「二百餘金也。」故人子私念，吾僅貸百金，而不之許，而張筵演劇，費乃若此，但分其半以與我，吾事濟矣。因見孝棋，微以言諷之，孝棋詫問汝欲貸幾何？答曰：「百金足矣。」孝棋怒叱曰：「吾與汝父交契數十年，有無常相通，未嘗有千金下者。今汝乃以百金之細，來向我稱貸，辱乃父，且污我矣。」亟呼僕至曰：「速封二百金付某少爺，令其速去，毋溷我也。」故人子出不意，喜甚，再拜辭歸，孝棋竟弗顧。

龔定庵嘗詈其叔不通，父為半通。定庵子孝棋，喜改定庵文稿，每置定庵木主於案，凡改一句一字，則以竹杖擊木主曰：「某句不通，某字不妥，若為我父，故為改易，不敢欺飾後人也。」人傳孝棋於英夷燒圓明園事，為之謀主，海內群指為漢奸。豈知當時英人欲徑攻京城，孝棋力止之，言圓明園珍物山積，中國精華之所萃，毀此亦可以償所忿矣。是保全都城，孝棋與有功焉。

孝棋平生於公羊學最深，著述甚多，不自收拾。為人豪放，不修邊幅。恃才傲物，世人以此忌之。晚年家日益落，鬻其先人金石書畫殆盡。李合肥愛其才，月佽二百金以糊口焉。

方孝棋客上海時，英人威妥瑪延之入幕府。先是月饋數百金，後禮贈日減，孝棋境益窘，所寵二姬，竟先後求去。人有言孝棋以其女為威妥瑪妾，孝棋雖行薄，亦不至此，忌者之口可畏也。

半倫傳

龔半倫，仁和人，初名公襄，字孝棋，繼更名曰刷剌，曰橙，曰太息，曰小定，曰昌匏，晚號半倫。半倫者，言其無君臣、父子、夫婦、昆弟、朋友，而尚愛一妾，故云曰半倫。為闇齋方伯孫，定庵先生長子，生於上海道署中。先是檇李三塔寺未建時，其前有潭，廣畝許。土人言其下為亂穴，曩有高僧過其前，結壇潭側，誦經三晝夜，龍現於夢乞恩，僧曰：「汝能使潭水立涸，得建寺基，即舍汝。」

龍頷首去。明日，潭果無水，因即其地建三塔寺。

定庵中年乏嗣，其夫婦皆好佛，乃詣寺求子。夫人入門，恍見一龍首人身者撲其身，驚而返，歸即有妊。將產之夕，定庵適旅京，夢一龍入室。越日得家書，適於是日獲一子，知非凡品。初墮地，啼聲甚宏，有薄膜蒙其面，剝之，面目乃見。

定庵少好藏書，富甲江浙，多《四庫》未收本。半倫幼好學，天姿絕人，於藏書無所不窺，為學浩博無涯涘。既長，隨定庵入都，兼識滿洲、蒙古、唐古忒文字，日與色目人遊，彎弓射馬，居然一胡兒矣。嘗入粟一，應京兆試，不售，則大恚，由是棄舉子業。居京師日，與靈石楊墨林善，楊素豪富，愛其才，所以奉之者無不至，日揮千金無吝色。楊死，半倫失所恃，又性冷僻，寡言語，儔人廣眾中，一坐即去，顧好為狎邪遊。

中年益寥落，至以賣書為活。旅居滬上，與粵人曾寄圃稔。是時，英使威妥瑪方立招賢館於上海，延四方知名之士佐幕府，曾以半倫薦，威與語，大悅之。旅滬西人，由是呼半倫為龔先生而不名。凡半倫所至，輒飭捕者護衛之，月致萬金為脩脯。庚申之役，英以師船入都，焚圓明園，半倫實同往，單騎先入，取金玉重器以歸，坐是益為人詬病。

曾國藩督兩江，聞半倫才，思羈縻為己用。某歲入覲，道出海上，設盛宴邀半倫至。酒酣，國藩以言餂之，微露其意，半倫大笑曰：「以僕之地位，公即予以官，至監司止耳。公試思之，僕豈能居公下者？休矣！無多言。今夕只可談風月，請勿及他事。」國藩聞其語，噤不能聲，終席不復語。

未幾，威死，半倫益頽放不自振。居恒好謾罵人，視時流無所許可，人亦畏而惡之，目為怪物，往往避道行。舊所藏書畫古玩，斥賣略盡。始納一姬，寵之專房，繼又購二姬，則其寵漸移。久之，二妾竟同遁去。居海上十數年，與妻未嘗一相見。有二子，皆讀書自好，來滬省親，輒被斥逐。同母弟念匏，以縣令需次蘇省，亦不睦。庚申後，其家人在內地者，亦無敢與往也。年五十三，發狂疾死。瀕死，出其所愛帖值千金者碎剪之，無一字存。所著述甚多，有《元志》五十卷，《雁足燈考》二卷，《時文集》四十卷，均散佚不傳。

附錄：〈丁香花〉

孟森

進步黨本部，自石橋別業遷新宅。其位址在太平街、太平湖之間，俗稱七爺府，謂前清醇賢親王之所居也。醇邸行七，故曰七爺，此人人能言之。今考此宅之有名於世，不在為醇邸時，而在未為醇邸以前。蓋醇賢親王奕譞，為宣宗子，當宣宗時，此宅為繪貝勒所居。繪貝勒名奕繪，與醇邸為兄弟行，而為高宗之曾孫。

高宗第五子榮純親王，瑜貴妃所生，子綿億降襲郡王，是為榮恪郡王。恪王子即繪貝勒。蓋自榮邸受封，至此三世，此亦當時一榮國府也。貝勒篤好風雅，著有《明善堂集》，自號太素道人，又號幻園居士，名奕繪。《太清集》有與子章聯句詩。子章疑為太素之字，生於嘉慶四年己未。至嘉慶乙亥丙子間，恪王薨，貝勒襲爵，時年十七八。道光五年乙酉秋，授散秩大臣，時年二十七。明年丙戌，管理宗學。十年庚寅秋，管理御書處及武英殿修書處。是年冬，授正白旗漢軍都統，時年三十二。至十五年乙未罷官，專意享閒散之福，時年三十七。又三年為道光十八年戊戌，年四十而卒。

貝勒生長富貴，酷嗜吟詠，所著《明善堂集》，內分詩詞兩種，詩曰《流水編》，詞曰《南谷樵唱》。有側室曰顧太清，名春，字子春，號曰太清。蓋與太素為偶，世常稱之曰太清春。太清工詞翰，篇什為世所寶。世之愛重太清，什伯於太素也。昔王幼遐侍御，畢生專力於詞，論詞至滿洲人，常曰：「滿洲詞人男有成容若，女有太清春而已。」太清常自舉其族望曰西林，自署名曰太清西林春。其姓顧，乃見之惲珠所選《國朝閨秀正始集》，集有《顧子春小傳》。顧詩集名《子春集》，今傳刻之本名《天遊閣集》，蓋與《正始集》所載不侔。意當時《太清集》尚未定今名也，抑太清尚有詩集名《東海漁歌》，或總名為《子春集》，而詩稱《天遊閣》，詞稱《東海漁歌》耳！

《東海漁歌》與《南谷樵唱》相配，亦即太清配太素之意，想見閨房唱和韻事。然南谷乃貝勒自營之佳城，別墅存焉。取名詞集，乃實有其地。太清專就對偶求之，以東海對南谷，以漁歌對樵唱，意惟以示其唱隨之雅與好合之致焉耳。太清後亦從葬南谷。冒鶴亭《太清遺事詩》有云：「太平湖畔太平街，南谷春深葬夜來。人是傾城姓傾國，丁香花發一低徊。」是詩首句言其生時之邸；第二句言其死後之葬地；三句上半言其貌，下半取再顧傾人國之意，闕合其姓；四句乃掀然大波為人間一宗公案。此余之所以有此篇之作，冀為昔人白其含射以留名士、美人之真相者也。其詳俟續言之。

太清，不但豐於才，貌尤極美。冒鶴亭校《天遊閣集》，於太清〈春遊詩〉後輟一節云：「太清遊西山，馬上彈鐵琵琶，手白如玉，琵琶黑如墨。見者謂是一幅王嬙出塞圖也。」風致可想。鶴亭序言，少時聞外祖周季況先生星詒言太清遺事綦詳，此當是其得之周先生者。東坡〈賀新涼〉詞：「乳燕飛華屋，悄無人，槐陰轉午，晚涼新浴。手弄生綃白團扇，扇手一時似玉。漸困倚，孤眠清熟。簾外誰來推繡戶？枉教人夢斷瑤臺曲。又卻是，風敲竹。」讀此半闋已覺灑然移情。鶴亭述太清之貌，僅著此數語，幾與坡詞並美。一妙在扇手一色，一妙在琵琶與手之黑白，俱極端也。

太平湖邸第，今適為進步黨本部所在。貝勒詩有「太平湖巷吾家住，車騎翩翩侍宴還」之句，自注云：「邸西為太平湖，邸東為太平街。」所指極確。余嘗一至此宅，見政黨作此豪侈氣象，不忍再往。夥涉為王，此似偉人舉動，奈何以政客效之。嘗謂天下至可寶貴者，名士美人；至不可嚮邇者，議員政客。滄桑之劫，王侯第宅易新主者多矣。長安似奕，何必百年，讀少陵〈秋興〉之詩，可勝憑弔。顧太平湖一宅，獨以昔日至可寶貴之遺址，居今日至不可嚮邇之人，尤為奇厄。因成二絕云：「太平湖水明如鏡，可有丁香尚著花？一自淮南輕拔宅，空令雞犬住仙家。」「百年風貌憶傾城，忍使微雲滓太清。當日近前顏玉頰，牛羊邱壟若為情。」丁香花公案詳後。太清與太素同庚，生嘉慶四年，距今百十五年。其入居太平湖邸以來，蓋必在百年左右。「微雲滓太清」，用晉人語，示為太清辨誣之意。古詩：「今日牛羊上邱壟，當時近前面發紅。」黃士美人古今同慨。

成容若，為康熙權相明珠子，世稱為即《紅樓夢》中之賈寶玉者也。以太清詞與之相配，皆足動人遐想。丁香花公案者，龔定庵先生道光己亥出都，是年有《己亥雜詩》三百十五首，中一首云：「空山徒倚倦遊身，夢見城西閬苑春。一騎傳箋朱邸晚，臨風遞與縞衣人。」自注：「憶宣武門內太平湖之丁香花一首。」世傳定公出都，以與太清有瓜李之嫌，為貝勒所仇，將不利焉，狼狽南下。又據是年雜詩〈至冬再北上迎眷，乃不敢入國門〉一詩云：「任邱馬首有箏琶，偶落吟鞭便駐車。北望觚棱南望雁，七行狂草達京華。」自注：「遣一僕入都迎眷屬，自駐任邱縣待之。」又一詩云：「房山一角露峻嶒，十二連橋夜有冰。漸近城南天尺五，回燈不敢夢觚稜。」自注：「兒子書來，乞稍稍北，乃進次於雄縣。又請，乃又進次於固安縣。」據此，則次且其行，若有甚不願過闕下者。說者以此益附會其詞，謂有仇家足憚。至道光二十一年，定公掌教丹陽，以暴疾卒於丹陽縣署，或者謂即仇家毒之。所謂丁香花公案，始末如此。

《定公集》最隱約不可明者，為《無著詞》一卷，又有〈遊仙十五首〉等詩。說者以其為綺語，皆疑及太平湖。此事宜逐一辨之。《無著詞》選於壬午，刻於癸未，則作詞必在壬午以前。〈遊仙〉之作在辛巳，自注為考軍機不得而作，當可信。要之，作此者在道光初元至十九年己亥出都，安有此等魔障，亙二十年不敗，而至己亥則一朝翻覆者？《定公集》所有綺語，除蹤跡本不在都門者不計，《無著詞》、〈遊仙詩〉按其年月皆不當與太平湖有關。惟「丁香花」一詩，非惟明指為太平湖，且明指為朱邸，自是貝勒府之花。其曰縞衣人者，《詩》「縞衣綦巾，聊樂我員」，謂貧家之婦與朱邸之嬪相對照而言。蓋必太清曾以此花折贈定公之婦，花為異種，故憶之也。太清與當時朝士眷屬多有往還，於杭州人尤密。嘗為許滇生尚書母夫人之《義女集》中，稱尚書為滇生六兄。有〈許滇生司寇六兄見贈銀魚螃蟹，詩以致謝〉一首，時在己亥新年。定公亦杭人，內眷往來事無足怪，一騎傳箋，公然投贈，無可嫌疑。貝勒卒於戊戌七夕，見《集》中。時太清已四十歲，蓋與太素齊年。當三十二歲時，太素正室妙華夫人先逝，冒鶴亭詩所謂「九年占盡專房寵，四十文君儻白頭」者也。己亥為戊戌之明年，貝勒已歿，何謂為尋仇？太清亦已老而寡，定公年已四十八，俱非清狂蕩檢之時，循其歲月，求之真相如此。

《太清集》有戲擬豔體四首，觀其編年之次，當是道光十年庚寅。作詩云：「亞字闌干曲徑通，美人家在綠楊中。秋千小院閒金索，芳草長堤老玉驄。流水飛花隨去住，斷虹殘日各西東。武陵洞口雲深處，蹤跡難尋踏雪鴻。」「十二珠簾控玉鉤，晴絲花片總纖柔。朱闌寂寂雙飛燕，綠水沉沉數點鷗。楊柳樓臺經過處，碧桃門巷記曾遊。美人一去餘芳草，斷雨零雲古渡頭。」「細草穠花各斷腸，美人去後有餘香。巫峰挾雨原非夢，洛浦臨波太近狂。日暮藤蘿空密密，天寒修竹自蒼蒼。迴環江水無窮碧，可許相隨一泛航。」「采采芙蓉洛浦姿，碧闌晴雪落花時。一溪春水浮山影，盡日靈風颺柳絲。玉笛閒吹翻舊譜，紅牙低拍唱新詞。娉婷合是神仙侶，小謫人間歸去遲。」觀此可想其風致。定公風雅好事，太清詞翰遍傳諸公間，《集》中投贈題詠如潘芝軒尚書，阮芸臺相國，皆有斯文聲氣之雅。其餘宗室王公，如定郡王之流，恒有篇什相投。定公與太清據丁香花詩，眷屬本有往還，詩詞酬答事所容有。太素逝後，長子載鈞襲固山貝子，與太清極不相能，變亂太素存日所經營之手澤，不恤南谷墳塋，屢見《太清集》中。則造作蜚語以誣太清，當是載鈞輩所為。太清於戊戌七夕，遭太素之變，旋於是年十月二十八日，以姑命移民邸外，賣金鳳釵。〈購宅〉詩載《集》中，詩有「亡肉含冤誰代雪」之句，用《漢書．蒯通傳》里婦夜亡肉，姑以為盜，怒而逐之事，具見家難之作。太素存日之情好，一變為家庭相怨之媒，當時想有以太清文采跌宕與內言不出之旨相違，因有流言涉及定公輩者，故士大夫間口耳相傳，至今以為談柄。然定公己亥出都，《雜詩》所憶，尚在太平湖之丁香花，其時太清實已移居，詩自憶花，乃與其人無預。可以推見太清出邸，居西城養馬營。《集》中有一題云：〈自先夫子薨逝後，意不為詩。冬窗檢點遺稿，卷中詩多唱和，觸目感懷，結習難忘，遂賦數字，非敢有所怨，聊記予生之不幸也。兼示釗、初兩兒〉。此詩中有「斗粟與尺布，有所不能行」二語，則家難作於載釣之嫌惡其弟可見。養馬營宅即見此詩，自注：「地近平則門。」蓋距太平湖數里矣。文人附會何所不至，太清遺事發自冒氏。冒氏附會之跡，更有一奇。《太清集》有〈六月十五日，山東苗道士寄來七寸許小猴一雙，每當飼果，必分食之，似有相愛意，詩以紀之〉一首，冒氏於詩後忽綴一語曰：「此亦長安俊物也。」驟見之不知為何意，意其賞此猴耳。既而按定公《己亥雜詩》，太平湖丁香花之下一首為〈憶北方獅子貓〉，詩云：「繾綣依人慧有餘，長安俊物最推渠。故侯門第歌鐘歇，尚辨晨餐二寸魚。」長安俊物字出此。冒氏蓋以與定公注射也。幸而太清自詠小猴，設亦有詠獅子貓詩，則將謂與定公所憶同是一貓矣。太清負盛名，定庵才調尤為世人宗，仰得紐為一談，自足風靡一世。冒氏校刻《太清集》，在清宣統元年己酉，嗣是而後乃有丁香花公案之傳言，或者即冒氏據太平湖之地名，牽合龔集而造為此言。今乃藉藉人口，遂不知其所自起歟？抑冒氏自稱為得聞太清遺事於周先生，此遊談亦為周先生所口授？從前說，則造因直始自冒氏；從後說，則如余前段所述。當時自有一多口之由來未可知也。

太清與太素伉儷之篤，兩人集中互見之。太清自題〈道裝像〉云：「雙峰丫髻道家裝，迴首雲山去路長。莫道神仙顏可駐，麻姑兩鬢已成霜。」此道光十四年甲午太清三十六歲作也。味詩意疑其顏鬢早衰。冒氏按曰：「像為道士黃雲谷畫，太素有題詞，詞云：『全真裝束古衣冠，結雙鬟。耐可凌虛歸去洞中天。遊遍洞天三十六，九萬里，閬風寒。榮華兒女眼前歡，暫時寬，無百年。不及芒鞋踏破萬山顛。野鶴閒雲無掛礙，生與死，不相干。』」蓋〈臨江仙〉也。是年太清生一子，名載同，在太清為第三子，在太素諸子中為行九。載同以正月五日生，十二月二十二日以痘殤。太清〈哭兒〉詩云：「同兒未周歲，一旦捨我死。誰謂久能忘，老淚無時已。」此亦非妙年人吐屬矣。太素亦有〈哭子〉詩八絕，中一首云：「文章願同汝母好，頭角不類諸兒癡。今年冬令大不利，祭友文又哭子詩。」自注：「王伯中先生歿於十一月二十四日。有祭文一篇見文集。」又有詩中自注：「先是自三兒載欽痘殤後，兒女皆倩老潘種花，今春潘翁歿，其子於九月間強與種痘，不出，妄云其子無痘。至臘月初間病，伊文用竈底抽薪法，與剋削和解藥，蓋恐見苗也。至月半病亟，始更俄羅斯秦醫名婆爾斐里者，治之以截風油，浴之以芳草，故又遷延七日乃死。」云云。冒鶴亭〈太清遺事詩〉云：「一夜瑤臺起朔風，凋殘金鎖淚珠紅。秦生晚遇潘生死，腸斷天家鄭小同。」冒詩故楚楚有致，太素之無時不繩太清才美，詩詞中恒可覘之。載同之生也，與太清同日，蓋太清生日亦為正月初五。太素生日為正月十六。太清本與太素同庚，以生日論，太清又長於太素十一日也。太清有〈上元後一日，恭祝夫子四十壽〉詩，其前一首即〈四十初度〉詩，其先後之序固如此。太素之生，在其父榮恪郡王三十六歲時，太素於三十六歲生載同，此亦同之一義。太素〈生同兒〉詩云：「先考三十六，生余頗愜遲。我年三十六，同兒生亦奇。生日同伊母，生年同我期。祝兒同父母，名同字同之。」當時備見家庭之樂，琴瑟之好。豈意此子旋殤，數年太素亦化去，家難復作，婦姑勃谿，且迫使出邸別居，好景無常，可以慨矣。

太清之出邸，亦非流離失所也，太清生三子四女：長女孟文，行二，早適超勇親王車登巴咱爾。

道光乙未太清三十七歲時，即有〈送二女孟文郡君往察哈爾避暑〉詩，則其出閣必更在以前。《集》中〈出邸〉一詩，題云：「奉堂上命，攜釗、初兩兒，叔文、以文兩女，移居邸外，無所棲遲，賣金鳳釵，購得住宅一區，賦詩以記之。」載釗係太清長子，行五。載初係太清次子，行八。載同殤，行九。次女仲文，行四，適一等子博昌，出嫁亦在前，道光丙申，太清三十八歲時，有〈上元前一日同夫子攜載釗、載初兩兒，叔文、以文兩女，遊白雲觀，過天寧寺看花，作一詩〉，仲文已不在內。出邸時所攜子女，亦無仲文。至辛丑十二月十八日〈釗兒娶婦，喜而有感〉詩中「門闌多喜婿乘龍」句下，始載「二女孟文適超勇親王車登巴咱爾，四女仲文適一等子博昌，六女叔文許字承恩公崇端」云云。叔文名載通，第四女以文名載道，行七。載通、載道之名，見《集》中。〈辛丑七夕，先夫子下世三周年矣。率六女載通、七女載道、八兒載初，恭謁南谷，因五兒載釗有差，未克同來。晨起，同通兒清風閣看初日有感〉詩，有「當年舊句難忘卻」之句，自注：「丙申春，同先夫子清風閣曉望，有『高閣延朝日，晨妝對遠山』之句，可勝今昔之感。」載釗娶於棟鄂氏，少年風雅有父風。婦秀塘，亦能詩。太清晚景頗不落漠，道光二十一年辛丑，太清年四十三時，有〈孝烈將軍記並序〉一首，序云：「今年閏月，釗兒有事往完縣謁孝烈將軍祠。見有元明碑欲拓之，苦無其器，遂向村叟討得破氈帽，自拓成，攜歸，既喜且感。喜者，五兒所好頗類其父；感者，先夫子平生好古更兼考據，精詳未得見此」云云。又〈萬松涵月歌並序〉一首，序云：「五兒載釗今年有事往完縣，見糧店中有石缸蓋，問其值，乃二百五十文，遂以茶葉五斤易之，主人靳某，歡然相贈，載歸獻予。其石徑過古尺二尺六寸，澹青色，上有墨色，松影排比者，偃蓋者，垂枝者，橫斜濃淡，遠近分明，黛色參天，蒼皮溜雨，歷歷如畫，大有王叔明、曹雲西筆法。錫名曰『萬松涵月』，鐫於其上，即命工人斵木以為架，遂作此歌」云云。是兒頗不惡，計其年止十七耳，而好尚如是，娛親之道如是，夫何間然！釗以辛丑三月二十四日，奉差往完縣查勘地畝。是年為閏三月，至七月初九始返。七月初九又為釗生日，俱見《集》中。

又其出邸，亦非告絕於姑。道光二十年庚子詩〈十月七日先夫子服闋，因太夫人抱病，未果親往，謹遣載釗恭詣南谷，痛成六絕句〉，中多親老子幼之詞，婦姑之間恩意自在。不過因載鈞與釗、初輩兄弟不相容，挾其祖母以為難，避居邸外免勃谿耳。嫠居不廢吟詠，南中士大夫阮、許諸家眷屬，恒以詩詞相贈答，亦頗與文讌其間。謂有人仇定公至謀毒斃，定公自己亥出都，至壬寅歿於丹陽署，據言者謂皆以丁香花案為累，至接眷不敢入都，易簀不能正命，事蹟殊枘鑿。其不肯再入國門，定公清興所至，原難以常理論，但觀其出都時並非狼狽。以己亥四月二十三日行，不攜眷屬傔從，雇兩車，以一車自載，一車載文集百卷，石屏朱丹木為治裝，始成行。當時與諸公別詩，多至十有八首，所別者數十百人。如〈別己丑同年〉則云：「同年留京者五十一人，匆匆難遍別，八君及握手一別者也。」詩曰：「五十一人皆好我，八公送別益情親。他年臥聽除書罷，冉冉脩名獨愴神。」其〈與宗室諸公別也〉一則，別鎮國公容齋居士，自注：「居士睿親王子，名裕恩，好讀內典，遍識額訥特珂克、西藏、西洋、蒙古、回部及滿、漢字，又校定《全藏凡經》。有新舊數譯者皆訪得之。或校歸一是，或兩存之，或三存之。自經典入震旦以來，未曾有也佉」詩曰：「龍猛當年入海初，娑婆曾否有倉佉。只今曠劫重生後，尚識人間七體書。」又有〈別共事諸宗室〉，詩曰：「聯步朝天笑語馨，佩聲耳畔尚泠泠。遙知下界覘乾象，此夕銀潢少客星。」似此則從容出都，與人無忤，安有如世之所傳避仇出走情事？宗室尤多相契，可知蜚語之無因。惟《湯海秋詩後集》有〈贈朱丹木〉，絕句云：「苦憶龔儀部，筵前賦白頭。」自注：「往時丹木入都，值定庵舍人忤其長官，賦《歸去來》，今舍人已下世矣」云云，則定公因忤長官而去，有明徵也。其行又以尊人闇齋先生年逾七旬，從父文恭公適任禮部堂上官，例當引避，乃乞歸養耳。

太素子女九人，太清所出者七。其餘二人，《集》中亦俱可考。蓋合子女而計行第，尚有長與三兩兒，當為正室妙華夫人所出。長載鈞，即襲職者，三載欽，亦以痘殤，已見前。據冒氏校《太清集》附注，載鈞襲貝子，後無子，其嗣子溥楣，襲奉恩鎮國公。以宗系論，載鈞嗣子當仍是釗、初等之子。載鈞別無同出之兄弟成丁而有子者，則太素世爵當仍為太清諸孫所襲也。《太清集》名《天遊閣》，此閣係邸中一處，當是屬太清燕息之所，《集》中有〈丙申夏至同夫子登天遊閣〉詩可證。其在邸內決非後來養馬營賃宅中物。壬寅，又有〈穀雨日同社諸友集天遊閣看海棠，庭中花為風吹損，只妙香室所藏二盆尚嬌豔怡人，遂以為題，各賦七言四絕句〉一題，時在太素歿後四年，讌集仍在邸中，合之前一年庚子詩所云「太素服闋之日，以太夫人病未親詣南谷」，可知姑婦之間猜嫌旋釋，其復歸邸中不知在何時。《集》中「庚子七月二十一日，南谷守兵報室頂為山水傾陷。當初設立護衛一員辦理山田事務，自載鈞承襲後撤回，惟留兵丁五人而已。今伊所信用者多負販廚役等，賞賜無節，皆諂媚小人，不諳大事。雖有舊臣數人，略有規諫者，輕則罰俸，重則斥革，終日昏昏，惑於群小，故祭祀籩豆之事，置之不問，無奈釗、初兩兒皆在幼年，衣食尚不給，況於修葺乎？思量及此，五內焦灼，得不痛哉」云云。似此時尚未復歸於邸，自後即無詆載鈞之語。至十月間，有侍太夫人病之言，意姑病而家難亦紓乎？〈壬寅元日試筆詩〉注：「國朝定制，王公子弟十八歲行冠禮，釗兒生於乙酉，本年元日受二品頂戴。」蓋載釗於上年十二月十八日已娶婦，至是冠而章服，太清是年四十四歲也。歷考《集》中，太清晚景大略如是。

冒氏〈弁言〉謂太清或曰吳人，或曰顧八代之裔。顧八代係旗籍，太清是否其裔，則未可知。所謂吳人，殆疑其為漢族，或以量珠所聘而充下陳者，此則不然。太清生長京師，道光十三年癸巳，有〈次夫人清明日雙橋新寓原韻詩〉，自注：「余年二十五前侍先大人曾遊此寺。」雙橋寺在暢春園宮門西，新寓為海淀寓園。蓋幸園時，諸臣趨朝之所。有力貴豪即其地置別業，或假寓挈眷而居。是年太清年三十五，二十五年前則為十歲。隨父來遊，非久居京師之人，安有挈幼女遠遊海淀者？倘亦趨朝者之一歟？又有〈食鹿尾〉詩云：「海上仙山鹿食苹，也隨方貢入神京，晚餐共飽一條尾，即有鄉心逐物生。」因海上之鹿而起鄉心，其故鄉必為吉、黑瀕海產鹿之區可知。夷考太清母家，父母蓋早歿，有兄弟姊妹，《集》中〈四十初度〉詩：「百感中來不自由，思親此日淚空流。雁行隔歲無消息，詩卷經年富唱酬。過眼韶華成逝水，驚心人事等浮漚。那堪更憶兒時候，陳跡東風有夢否？」是為父母歿而有兄弟姊妹也。兄字少峰，或稱仲兄，未知即一人否？乙未有〈中秋寄仲兄〉詩云：「茫茫四海少朋儔，應似東坡念子由。今歲秋來寒特早，西風和淚寄羊裘。」丙申又有〈歲暮寄仲兄〉，用東坡〈和子由苦寒見寄〉韻，中有「旅食恐不周，多病凋豐顏。一月兩寄書，一書五六篇。告我客中事，略有好因緣。縣令與之遊，我聞心喜歡。吾兄本書生，所餘惟青氈」等語，則業儒而作州縣幕賓者。妹名霞仙，戊戌有〈往香山訪家霞仙妹〉詩，香山為西山之一支，《宸垣識略》有香山買賣街，為靜宜園守備署所在。其妹亦家京師者。《集》中往往有往來香山蹤跡。庚子有〈四月十四日同家少峰兄、霞仙妹攜釗、初兩兒遊八寶山，以首夏猶清和為韻，成此五律〉一題，又次仲兄韻之詩，頗多攜諸女伴遊宴之詩，亦往往有霞仙在內。辛丑有題〈楚江姊丈奕湘畫墨牡丹〉詩，冒氏校注謂楚江為果毅親王之後，襲奉恩鎮國公，諡曰恪鎮，此必有所據，其稱曰姊，自是太清之姊。太素之姊妹，集中稱姑，有〈輓大姑富察郡君〉詩可證。弟名知微，辛丑有〈三月光陰，五更風雨，多病懷人，殊覺無聊，恰值知微弟過訪，細論篆法，可謂良有宜也〉一詩，中有「幻園弟子真無愧」句，自注：「知微篆法受之太素道人，則弟亦嫻文藝，且於太素有傳習之雅。」此太清母家人物之可考者。

太清名盛當時，文士多有得一贈答為幸者。陳雲伯以風流自命，多與閨閣唱酬，酷摹隨園刻女弟子詩故事。《太清集》庚子詩有一題云：「錢塘陳叟字雲伯，以仙人自居，著有《碧城仙館詞抄》，中多綺語，更有碧城女弟子十餘人代為吹噓。去秋曾託雲林以蓮花箋一卷，墨二錠見贈，予因鄙其為人，避而不受。今見彼寄雲林信中，有西林太清題其〈春明新詠〉一律，並自和〈原韻〉一律；此事殊屬荒唐，尤覺可笑，不如彼太清與此太清是一是二，遂用其韻以紀其事。」雲林為德清許周生先生之長女，與太清極密。雲林表姊汪允莊，為陳雲伯子婦，汪有《自然好學齋詩鈔》，中言：「太清曾託許雲林索題〈聽雪小像〉，效花蕊宮詞體，題八絕句報之。」一則太清於陳、許諸家，俱有閨中文字之契，獨以雲伯假名代作以侈聲氣，乃痛詆之。殆其春明新詠體非大雅耶？抑雲伯與定公為同里，於當時蜚語有所關合耶？要之太清雖嗜文藝，然不墮時流綺障，此可見也。

《太清集》僅有《天遊閣詩集》行世。其《東海漁歌》，半塘王氏所常以不得《漁》、《樵》二歌為恨事者，即朱希真《樵歌》及此也。半塘後卒得《樵歌》付梓，而《漁歌》杳然。冒氏集首〈弁言〉則曰：「今年春，黃陂陳士可參事毅得此冊於廠肆。凡詩五卷，闕第四卷。詞四卷，闕第二卷。中多割裂。蓋當時未經寫定之本，略為排比，間加考證，以詒好事」云云。又《集》中柳枝詞十二首後，冒云：「此十二首，太清有朱筆自題其上曰：『此移入《東海漁歌》集。』則為太清所手定之本矣。」據此，則冒從陳士可所獲之本付校，陳所獲有詞四卷，但闕一卷，即《東海漁歌》亦見於世，何以冊尾僅夔笙蘭雲《菱寢樓筆記》一則，轉錄其詞四首？況氏筆記仍以未得《漁歌》為恨，並言：「《天遊閣詩》寫本，己丑春余得於廠肆地攤；《東海漁歌》，求之十年不可得。僅從沈善寶《閨秀詞話》中得見其五闋，錄其四」云。冒既得太清詞，何以仍用況氏筆詞所錄四詞，示《漁歌》之一斑？然則前弁言謂何？何以不並付刊？即有去取，亦應自出手眼，何以仍況氏未見《漁歌》口吻？且況氏與半塘所恨而陳與冒得見之，即不付刊，亦當有一番欣幸，何竟前後截然不同？若《天遊閣集》寫本，則況氏已得之，未知與此同否，中不闕四卷否？抑此本實即況本，故並無《漁歌》，所謂陳士可所得乃讆言耶？皆可疑也。

按冒君於報章見此稿，即來訪。云：「《天遊閣集》後所引況氏筆記，實係舊筆。既得《東海漁歌》後，付梓時忘未刪除。又《漁歌》所闕第二卷，近又得之，補印入集，板存西泠印社」云云。至太清事蹟，冒君謂「無以難我」，然終信其舊聞為不誤，並非由己始倡此言。「丁香花」詩以「縞衣人」三字，指為定公眷屬，冒君謂用詩語為解，會意甚正當，故無可非難。至長安俊物一語，當時本關合定公詩，語甚含蓄，經僕揭出，遂爾透露，言次若有微慍也。定公與太清事，今京師士大夫多爭言其確者，如羅癭公之流是已。存此與世人永久質之。一時喜新好異之談，固未能以此雅折輿耳。

《清史稿．皇子世表五》：「永琪，高宗第五子，乾隆三十年封榮親王，三十一年薨，謚曰純。綿億，永琪第五子，乾隆四十九年封貝勒，嘉慶四年晉榮郡王，二十年薨，謚曰恪。奕繪，綿億第一子，嘉慶二十年襲貝勒，道光十八年卒。載鈞，奕繪第一子，道光十八年襲貝子，咸豐七年卒。溥楣，載釗第一子，載鈞嗣子，咸豐七年襲鎮國公，同治五年緣事革退。」據此，則載鈞無子，承襲時乃以載釗子為嗣。咸豐七年以後，榮王之後已為太清所出之子承大宗矣。太清是年若在，亦不過五十九歲。集中不見壬寅以後所作，殆已歿於壬寅後，不及見也。

《表》又云：「載釗，奕繪第二子，道光二十四年封一等輔國將軍，光緒七年卒，追封鎮國公。溥芸，載釗第三子，同治五年襲鎮國公，光緒二十八年卒。毓敏，溥芸第二子，光緒二十八年襲鎮國公，宣統三年卒。」據此，則載釗第一子既承大宗襲爵，緣事革退之後，又以載釗第三子承襲，再傳至毓敏，襲十年，卒時恰當改革，亦可謂與國同休。榮府傳人，皆載釗所出之後也，載釗卒時年五十七。

《表》又云：「溥莒，載釗第九子，光緒七年襲奉國將軍。」此為襲載釗本支之爵。襲後無文字可紀，當是國變乃已。

《表》又云：「載初，奕繪第四子，咸豐七年封輔國將軍，同治元年緣事革退。」是載初亦有爵，受自載鈞歿之年，旋失爵。《表》於無爵者不載，要之榮府後盡具於是。即太素之裔，惟釗、初有後，皆太清所出。乙亥三月補記。

血歷史106　PC0702

新銳文創
INDEPENDENT & UNIQUE

清朝政壇文士軼事：
棲霞閣野乘

原　　著　孫寰鏡
主　　編　蔡登山
責任編輯　劉亦宸
圖文排版　楊家齊
封面設計　王嵩賀

出版策劃　新銳文創
發 行 人　宋政坤
法律顧問　毛國樑　律師
製作發行　秀威資訊科技股份有限公司
114 台北市內湖區瑞光路76巷65號1樓
電話：+886-2-2796-3638　傳真：+886-2-2796-1377
服務信箱：service@showwe.com.tw
http://www.showwe.com.tw
郵政劃撥　19563868　戶名：秀威資訊科技股份有限公司
展售門市　國家書店【松江門市】
104 台北市中山區松江路209號1樓
電話：+886-2-2518-0207　傳真：+886-2-2518-0778
網路訂購　秀威網路書店：http://store.showwe.tw
國家網路書店：http://www.govbooks.com.tw

出版日期　2018年1月　BOD一版
定　　價　280元

Printed in Taiwan

國家圖書館出版品預行編目

清朝政壇文士軼事：棲霞閣野乘 / 孫寰鏡原著；
蔡登山主編. -- 一版. -- 臺北市：新銳文創,
2018.01
面； 公分. -- (血歷史；106)
BOD版
ISBN 978-986-95907-0-9(平裝)

1.清史 2.野史

627 106023246

讀者回函卡

感謝您購買本書，為提升服務品質，請填妥以下資料，將讀者回函卡直接寄回或傳真本公司，收到您的寶貴意見後，我們會收藏記錄及檢討，謝謝！如您需要了解本公司最新出版書目、購書優惠或企劃活動，歡迎您上網查詢或下載相關資料：http:// www.showwe.com.tw

您購買的書名：________________________________

出生日期：_______年_______月_______日

學歷：□高中（含）以下　□大專　□研究所（含）以上

職業：□製造業　□金融業　□資訊業　□軍警　□傳播業　□自由業

□服務業　□公務員　□教職　□學生　□家管　□其它_____

購書地點：□網路書店　□實體書店　□書展　□郵購　□贈閱　□其他

您從何得知本書的消息？

□網路書店　□實體書店　□網路搜尋　□電子報　□書訊　□雜誌

□傳播媒體　□親友推薦　□網站推薦　□部落格　□其他_______

您對本書的評價：（請填代號　1.非常滿意　2.滿意　3.尚可　4.再改進）

封面設計____　版面編排____　內容____　文／譯筆____　價格____

讀完書後您覺得：

□很有收穫　□有收穫　□收穫不多　□沒收穫

對我們的建議：________________________________

____

____

____

請貼
郵票

11466
台北市內湖區瑞光路 76 巷 65 號 1 樓
秀威資訊科技股份有限公司 收
BOD 數位出版事業部

(請沿線對折寄回,謝謝!)

姓　　名:＿＿＿＿＿＿＿＿＿＿　年齡:＿＿＿＿　性別:□女　□男

郵遞區號:□□□□□

地　　址:＿＿＿＿＿＿＿＿＿＿＿＿＿＿＿＿＿＿＿＿＿＿＿＿

聯絡電話:(日)＿＿＿＿＿＿＿＿＿＿＿＿(夜)＿＿＿＿＿＿＿＿＿＿＿＿

E-mail:＿＿＿＿＿＿＿＿＿＿＿＿＿＿＿＿＿＿＿＿＿＿＿＿